Gunther Scheuring

DIE CHANCE AUF LIEBE

Gunther Scheuring

Die Chance auf Liebe

1. Auflage 2018

Autor: Gunther Scheuring
Titelfoto: © Gunther Scheuring
Grafische Umsetzung: Kerstin Fiebig
Lektorat: Ina Kleinod

Verlag
tao.de in Kamphausen Media GmbH, Bielefeld,
www.tao.de, eMail: info@tao.de

Herstellung
tredition GmbH, Halenreie 40-44, 22359 Hamburg

Bibliografische Information der Deutschen Nationalbibliothek: Die Deutsche Nationalbibliothek verzeichnet diese Publikation in der Deutschen Nationalbibliografie; detaillierte bibliografische Daten sind im Internet über http://dnb.d-nb.de abrufbar.

ISBN Paperback: 978-3-96240-289-1
ISBN Hardcover: 978-3-96240-290-7
ISBN e-Book: 978-3-96240-291-4

Gunther Scheuring

DIE CHANCE AUF LIEBE

tao.de

DAS LEBEN BIN ICH.

INHALT

Vorwort 8

Mehr als nur Gedanken 12

Für Einsteiger 20

Rahmenbedingungen checken 28

Das Leben bin ich 31

Was tue ich für mich? 52

Fit im Kopf 59

Fünf Minuten 64

Worte und Linsen 73

Gedanken-Zwerge 79

Der Unterschied 84

Optimale Nahrung 89

Immer nur das Jammertal? 94

Gefühle, bitte vortreten! 100

Der Kloß im Hals 106

Einfach nicht hinhören! 110

Wie ein Harlekin 114

Zur Ruhe kommen 117

Wege zur Liebe 122

Festhalten und Loslassen 128

Die zwei Seiten 135

Jeder ist schön 139

Selbstliebe zuerst! 143

Beziehung oder ich? 152

Tabletten schlucken 159

Immer nur Stress 165

Mitgefühl statt Mitleid 170

Urlaub für Gedanken 177

Seele statt Streit 181

Zweite Liebe 185

Kraft der Erkenntnis 190

Die Kinderwelt 195

Nachwort 202

Dank 205

VORWORT

Dieses Buch ist für diejenigen geschrieben, die etwas mehr über sich selbst erfahren möchten. Es ist das wirkliche Erkennen des eigenen Selbst, worin die Liebe ruht. Je nach Bewusstseinsstand macht es das Erspüren und Wiedererlangen der eigenen Gefühle möglich, auch das Kennenlernen neuer, aber schon immer vorhandener Gefühle. Jede Geschichte spiegelt im Erkennen die Person wider, die sie liest, wenn sie sich hineinfühlt und nicht nur hineindenkt. Meiner Erfahrung nach ist es heilsam, wenn du, nachdem du die Hälfte dieses Buches gelesen hast, für kurze Zeit innehältst, um dadurch deinem eigenen Körper die Chance zu geben, die neuen Gedankengänge zu *erfahren*. Du brauchst Zeit, um dieses Sich-neu-Fühlen und Sich-neu-Erkennen in dir anzunehmen und im Innern wirken zu lassen.

Um etwas Liebevolles für deinen Körper zu tun, reicht es schon aus, bewusst tief durchzuatmen und damit deine Selbstheilungskräfte zu aktivieren. Schon allein durch dieses Erkennen und dieses bewusste gedankenfreie Atmen geschieht *Heilung*. Das Unterbewusstsein nimmt alles auf und speichert alles in jeder Körperzelle ab, was du hörst und erlebst und siehst. Wichtiges oder Unwichtiges, alles ist ungewollt in dir verankert und mit dir verbunden. Das, was du heute redest, und das, was du denkst und tust, das alles wirst du morgen erleben, und zwar dein Leben lang.

Unbewusstes Abspeichern von Dingen ist die Last, die wir seit Beginn unseres Lebens mit uns herumtragen. Eben diese Last wird im Laufe der Jahre immer schwerer. Schau dich selbst im Spiegel an, deinen Körper, wie er sich Jahr für Jahr verändert! Es geht dir vielleicht nicht gut und du weißt nicht warum, doch du akzeptierst es einfach. Diese unbewusste Akzeptanz bedeutet, dich aufzugeben, dich nicht erkennen und heilen zu wollen. Ich rede nicht von einem Arzt oder von Tabletten, nein. Ich spreche von *dir* selbst. Du selbst bist dein bester heilender Arzt. Du bist der, der dich selbst wieder gesund machen kann. Voraussetzung ist natürlich, dass für dich die schwierigsten und wichtigsten Fragen deines Lebens mit einem Ja beantwortet sind. Willst du das? Bist du dir das wert?

Hast du dich für dein eigenes Leben entschieden und für deine Gesundheit, dann ist alles möglich! Du selbst bist dein eigentlicher Heiler, und zwar mit allen dir innewohnenden Kräften. Du hast bereits alles in dir für ein gesundes und glückliches Leben, du musst es nur finden und zulassen. Meiner

Erfahrung nach lohnt es sich, diesen Weg zu gehen, sich tiefer zu erleben und sich ganz neu zu orientieren. Erkennst du dich selbst auch nur mit der leisesten Ahnung, werden enorme Kräfte in dir frei, die Berge versetzen können.

An einem bestimmten Punkt in meinem Leben tauchte plötzlich ein Gefühl in mir auf: Hier stimmt etwas nicht! Meine Einstellung zu mir selbst ließ Zweifel an meinem bisherigen Lebensstil erkennen und ich fragte mich: Was kann ich mir in meinem Leben selbst noch geben? Ich kam zu dem Schluss, dass nur ich selbst etwas für mich tun könnte und kein anderer. Dieser alte, seit jeher in jedem Menschen bestehende Irrtum, es wären *die anderen,* die einen retten könnten, ist bloß das Ergebnis einer Manipulation, die den anderen dient. Meine Bereitschaft, zu mir selbst zu stehen, war also gefragt. Ich musste meine eigene Kraft in mir selbst finden, um etwas *für mich* verändern zu können.
Der einfachste und bequemste Weg ist natürlich, zu denken: Das will ich nicht, das ist mir zu anstrengend! Okay, das ist in Ordnung so. „… will ich nicht" ist eine klare Aussage, aber eben auch eine ablehnende Haltung mir selbst gegenüber. Wenn ich mich gegen mich entscheide, dann will ich mich nicht verändern, dann bin ich mir selbst nichts wert. Der Volksmund sagt, des Menschen Wille sei sein Himmelreich. Und ich füge noch hinzu: Einen schönen Gruß ans Ego, das von der Angst gefüttert wird!
Jedenfalls merkte ich zum ersten Mal, wer mein „Bestimmer" war, wer mein Leben dirigierte und wer meine Lebensfäden in

der Hand hielt. Ich wollte mich mehr fühlen, ich wollte mit meinem Herzen Hand in Hand durchs Leben gehen und ich wollte das größte Glück, die größte Glückseligkeit erfahren. Ich träumte sogar auf „Wolke sieben" und hatte dabei aber nicht bedacht, wie hart man aufschlagen kann, wenn man wieder heruntergeschubst wird. Ich habe noch nie gehört, dass jemand da oben sitzen geblieben wäre. Irgendwann wird sich die Wolke wohl für jeden auflösen wie eine zerplatzende Seifenblase. Schade eigentlich, das Leben könnte doch so schön sein!

Was jetzt?, fragte ich mich bestürzt. Das Glück musste mir irgendwie aus den Händen gerutscht sein. Unbemerkt war sie mir entglitten – die Süße des Lebens. Ich fasste den Entschluss, unbedingt wieder Kontrolle über den Gedankenrummel in meinem Kopf zu bekommen. (Ich meine die vielen kleinen grauen Zellen, die vorgeben, zu denken.) Hurra, ich hatte es getan! Ich hatte mich entschieden für mich selbst! Und seither bin ich sehr vorsichtig mit dem, was mein Kopf unbedingt *denken will* oder unentwegt *reden muss*. Seit dieser Begegnung mit mir selbst und der daraufhin ganz persönlich einsetzenden Absprache mit meinen Gedanken, über die ich inzwischen selbst bestimme, bin ich auf dem Weg zur Liebe!

> **Ein Gedanke ist das Schlimmste,**
> **was einem begegnen kann.**

MEHR ALS NUR GEDANKEN

Als ich selbst begriffen hatte, dass weder das Fernsehprogramm noch der Radiosprecher – ebenso mein Handy und alle Tageszeitungen – so interessant waren wie ich selbst, standen die nächsten Tage kurz mal auf dem Kopf. In sehr kurzer Zeit änderte sich meine Sichtweise auf die Welt und auf mich. Ich hätte nie gedacht, dass mein Leben auch ohne die Medien funktionieren würde. Ich merkte, dass ich plötzlich nicht mehr mit der Angst konfrontiert wurde. Es fühlte sich auf einmal alles so frei und ungezwungen an für mich. Ich war neugierig geworden auf diese Veränderung, die sich scheinbar *ohne mein Zutun* in mir ereignet hatte. Ich wollte gerne etwas mehr über mich wissen, damit ich besser mit mir umgehen konnte. Also blieb ich „an mir dran".
Das war eine sehr kluge Entscheidung, stellte ich im Nachhinein fest. Noch nie hatte ich bis dahin wirklich *etwas mit*

mir zu tun gehabt oder Zeit für mich selbst, um über mich nachzudenken. Es fühlte sich an, als würde ich mir überhaupt zum ersten Mal selbst begegnen, bis dahin hatte ich wohl eine rosarote Brille auf der Nase getragen. Ich hatte zwar keine Ahnung, was *daraus werden* sollte, aber ich wusste genau: So, wie es jetzt und momentan in mir aussah, konnte es nicht bleiben. Eine Veränderung musste her, aber wie? Keine Ahnung! Zurzeit schrie alles zum Himmel: Hilfe! Hilfe! Wer rettet mich? Klingt blöd, aber ich war am Ende meiner Kräfte. Es ging nichts mehr, es war alles nur ein Durcheinander, den ganzen Tag hoch und runter. Wenn man das erfährt, besser gesagt, in sich selbst erkennt, wird man wach gerüttelt. Da weckt einen nicht nur ein Wecker, da schlagen die Glocken von zehn Kirchtürmen Alarm. Ich wurde so hin- und hergeschüttelt in meiner Gedankenbrühe, dass ich dachte: Ich werde doch nicht schon meinen Löffel abgeben müssen? Ist meine Zeit schon abgelaufen? Ich habe doch noch gar nicht richtig gelebt! Spielen die jetzt ein Spielchen mit mir oder habe ich etwas verpennt? Das war ein gewaltiger Bumerang, den ich mir da in meinem bisherigen Dasein geschaffen hatte – ein ganz schön großes Chaos, welches da vor mir lag, abgesehen von den wenigen Erkenntnissen, die das Leben mir bisher gebracht hatte. Was nun? Dieses Umdenken-Müssen war wie ein Schlag ins Gesicht. Ich konnte dieses Chaos als das Ergebnis von Unachtsamkeit, Vernachlässigung, Nichtbeachtung und Sich-selbst-Vergessen erkennen.

Wo plötzlich dieses Anders-Denken herkam, wusste ich nicht. Irgendwo, irgendwann mussten Worte gefallen sein, auf die eine Synapse in meinem Gehirn nur gewartet hatte, um sie andocken zu lassen. Die innere Reaktion kam prompt mit voller Kraft und Stärke. Es hatte sich etwas in mir losgerissen, es tauchten Gefühle auf, die ich nicht einordnen konnte. Ich musste erst einmal versuchen, damit klarzukommen. So kannte ich mich gar nicht! Solche Gefühle, Gedanken und Erkenntnisse waren mir bisher fremd gewesen. Ich war manchmal sogar der Auffassung, verrückt geworden zu sein.

Ernüchternd, aber nicht sehr ermutigend, war diese Erkenntnis und am liebsten hätte ich mich auf den Boden geworfen und mit beiden Fäusten auf die Erde geschlagen und geschrien: Warum? Wieso?

Da ich wusste, dass das keinen Zweck erfüllen würde, behielt ich diesen gedanklichen Unsinn lieber bei mir. Ich merkte: Jammern brachte mich auch nicht weiter! Ich musste selbst etwas tun, aber was? Als Erstes schaltete ich *einen Gang zurück*. Das bedeutete für mich: Ich wollte nicht dem Tag zeigen, was ich wollte oder konnte, sondern der Tag sollte mir jetzt mal zeigen, was er so draufhätte. Ob ich es gleich erkennen würde, war jedoch die zweite Frage. Ich wollte erst einmal den Versuch starten, einfach loszugehen und von mir *wegzukommen* – ich meine, gedanklich mal etwas abzugeben. Ich musste niemandem mehr sagen, was er zu tun hatte. Warum auch! Ich musste nur lernen, dem *zuzusehen*, was *von selbst* geschah. Für mich allein musste ich sorgen, keine Frage, aber die anderen müssten selbst sehen, wie sie mit sich alleine zurechtkommen.

Das hatte auch einen großen Vorteil, denn wenn ich bewusster mit mir umgehen könnte, würde ich mich dadurch natürlich auch besser mit dem Nachbarn verstehen. Ich meinte, wenn ich zufrieden mit mir selbst wäre, könnten die anderen auch selbst so sein, wie sie sind. Und ich hätte nicht an jedem etwas herumzumeckern oder auszusetzen. Ich begriff: *Jeder* ist einfach so, wie er eben ist! Jedenfalls gratulierte ich mir zu dieser Entscheidung, und die Erfahrung, die ich dadurch machte, brachte mir großen Nutzen.

Eine weitere logische Schlussfolgerung war die, dass ich auch meine Mitmenschen besser kennen würde, sobald ich mehr über mich selbst wüsste. Man sähe dann nämlich viel klarer das ganze Umfeld, mit dem man es täglich zu tun hat. Das klingt vorerst etwas unverständlich, ist es aber nicht. Ich werde im Folgenden erklären, wie ich Schritt für Schritt begann, mein Leben bewusster zu erfahren, und wie ich die Abläufe und Zusammenhänge in meinem Leben zu verstehen versuchte.

Ich merkte am eigenen Körper, wie einfach das eigene Leben ist, wenn man nur jeden Tag etwas dafür tut. Dafür reichen schon fünf Minuten aus. Diese fünf Minuten bist du dir doch wert!, dachte ich mir am Anfang meiner Selbsterkenntnis. Ich war überglücklich, wenn ich mir die fünf Minuten erlaubte. Inzwischen bin ich bereits bei sechzig Minuten pro Tag angelangt. Ich habe es geschafft, eine Stunde Zeit für mich zu finden, und ich bin richtig glücklich darüber.

Mir persönlich haben am Anfang Bücher geholfen, in denen ich etwas über mich erfuhr. Jeden Tag eine Seite zu lesen, reichte vorerst aus, um etwas zu verstehen. Nicht nur mit dem Kopf, sondern mit dem Herzen zu lesen, war schon die halbe Miete zum eigenen Wohlbefinden, stellte ich fest. Jedenfalls erlebte ich es so und es war fantastisch. Es fühlte sich an, als stiege ich in ein neues Leben ein. Ich glaube, es ist auch wirklich so, denn es blieb ja nicht beim Lesen einer Buchseite pro Tag. In kürzester Zeit hatte sich mein Leben zum Positiven verändert und mein Jammertal hatte sich verabschiedet. Mein Bücherregal füllte sich von Woche zu Woche mehr und ich verstand zum ersten Mal wirklich, was ich las.

Ich erhielt eine andere Sicht auf die Dinge, denn von dieser Seite hatte ich mein Handeln noch nie betrachtet. Alles wurde anders, einfacher, ich musste nur genauer hinschauen. Ich erlebte es damals und erlebe es heute noch. Es gibt nichts Besseres als das eigene Leben. Alles, was ich in diesem Buch geschrieben habe, sind Erfahrungen, die ich in meinem Leben bis jetzt gemacht habe, über die ich jetzt besser Bescheid weiß, über die ich jetzt Kenntnis habe. Jede Person wird ähnliche Erfahrungen machen mit ihren eigenen Erkenntnissen, das ist auch richtig so. Jeder Mensch ist anders, jeder Mensch darf auch anders sein. Meine Geschichten sind aus meiner Sicht lieb gemeinte Hinweise für dich, da sie *selbst erlebte* Tatsachen sind. Sie ermöglichten mir umfangreiche Erkenntnisse, die mir halfen, die Dinge im täglichen Leben gelassener, aufgeschlossener, verständnisvoller und erkennender anzunehmen und zu nutzen.

Solltest du in deinem Leben selbst schon mehrere Male durch tiefe Täler gegangen sein und dich nun fragen: „Warum gerade ich? Wie viele Male noch?", dann glaubst du vielleicht auch, das Leben hätte sich gegen dich verschworen. Aber, ohne diese *tiefsten Täler* zu durchwandern, wirst du nie die *höchsten*

Höhen deines Lebens erfahren! Du solltest aber an dich glauben, auch wenn du meinst, es gäbe keinen Ausweg mehr.
Ich selbst dachte das damals auch, aber gerade diese Ausweglosigkeit war es, die mir half, aus meiner Verzweiflung herauszukommen. Nicht zu wissen, wie es weitergehen könnte, war mein Weg, sie zu überwinden – klingt für den Anfang paradox, ist aber *die Lösung*. Zurückblickend kann ich sagen, dass ich nie wusste, was als Nächstes kommen oder sich ereignen würde. Doch es war immer genau das Richtige, ohne mein Zutun. Es war faszinierend für mich, es war unglaublich, wie sich eins ins andere fügte, sich mein Leben wie von selbst aufbaute und ich nur zuschauen durfte. Bis ich darauf kam, dass dies der Weg aus der Ausweglosigkeit war, hatte ich vorher noch etwas anderes gespürt: Leid und Verzweiflung, die mich fast zum Aufgeben zwangen. Ich hatte eine so tiefe innere Angst erfahren. Sie hatte mich davon abgehalten, zu erkennen, dass sie nur *erdacht* war, mich daran gehindert, frei zu entscheiden und mich aus meinen Zwängen zu befreien. Hinterher merkte ich jedoch, dass ich diese Zeit gebraucht hatte, um den Neuanfang zu wollen. Ich spürte ganz tief in mir drin, wie gut mir im Grunde das Leiden getan hatte. Erst das Leiden hatte mir genügend Selbstverständnis gebracht, um aus meinem Tief herauskommen zu können.
Gedankenleid, wie ich es nenne, ist nur echtes Leid, wenn es nach einer bestimmten Zeit erkannt und beendet wird. Hinter jedem erfahrenen Leid wartet immer ein Neubeginn. Leiden muss sein, sonst hat das Glück keine Bedeutung – so, wie Liebe nur erfahren werden kann, wenn man die Angst

durchwandert hat. Es gäbe sonst keine Veränderungen, das Leben würde stillstehen und es gäbe kein Fühlen. *Gedanken* sagen dir, *wie* du denken sollst und *was* du denken sollst. Das mag alles richtig sein für den ersten Moment, aber bedenke auch, dass Gedanken sich „irren" können. Warte nicht darauf, erkenne den Irrtum vorher und sei stattdessen authentisch!
Was wir meistens nicht wissen und auch nicht gesagt bekommen, ist, dass man Gedanken kontrollieren kann.
Seitdem ich bemerkte, dass ich mit meinen Gedanken umgehen kann wie mit einem Stück Kuchen, fühlte ich mich gleich viel besser. Ich musste nicht mehr jeden Gedanken zulassen, der mir einfiel, und mich auch nicht nach ihm richten. Ich brauchte nur zu überlegen, ob ich in dieses Stück Kuchen reinbeißen will, um es hinunterzuschlucken, oder ob ich ganz einfach sage: Nein, danke, ich habe jetzt gerade keinen Appetit auf dich. Wenn ich merkte, dass es mir mit einer Gedankengeschichte nicht gut ging, machte ich einfach Schluss – ich lehnte es ab, weiter darüber nachzugrübeln, ich stellte sie beiseite und vergaß sie. Oft ertappte ich mich selbst dabei und sagte dann zu mir: He, Gedanken, ihr habt aber voll einen an der Klatsche. Ich benötigte in meinem Kopf einen Pförtner, der die Gedanken kontrolliert, bevor sie meinen Mund verlassen. Doch wo konnte ich diese außergewöhnliche, sehr starke, selbstbewusste, liebenswerte und lebensbejahende Person finden?
Was Gedanken in Begleitung von Wut, Angst, Verzweiflung und Traurigkeit alles im Menschen anrichten können! (Ich glaube, negative Erfahrungen mit den eigenen Gedanken hat wohl jeder selbst schon einmal gemacht.) Als ich nun

bedachte, was meine Gedanken all die ganzen Jahre über ersonnen hatten, erschien mir dieses Wachrütteln und Erkennen als eine kolossale Richtungsänderung in meinem Leben. Mir war so, als ob etwas unglaublich Schönes mit mir geschah, ich konnte es nur noch nicht ganz begreifen. Ich glaubte, ich müsse noch viel mehr darüber erfahren. Es fühlte sich plötzlich alles anders an, viel leichter und spürbar *näher.*
Woher kam das? Was hatte sich in mir verändert, dass ich mich mit einem Mal auf mich einlassen konnte und dadurch besser fühlte? Ich stellte fest, dass meine Gedanken mein Leben bisher bestimmt hatten und ich immer gemeint hatte, es wäre richtig so. Ich kannte ja nichts anderes als meine Gedanken – bis dahin jedenfalls –, doch das würde sich ändern. Das versprach ich mir selbst.

Glaube an dich selbst!

FÜR EINSTEIGER

Wer ist ein Einsteiger? Was will ein Einsteiger? Warum „Einsteiger"? Ich glaube, ein Einsteiger ist auch ein Aussteiger. Es ist eine Person, die erkannt hat: Das Leben bin ich. Aus meiner Erfahrung kann ich sagen, es ist jemand, der irgendwo *heraus*will, weil er die Schnauze voll hat. Er kapituliert einfach, er will nicht mehr so weitermachen wie bisher, Punkt. Er hat den Kanal gestrichen voll, denn mit seinem bisherigen Leben kommt er nicht mehr zurecht. Es kotzt ihn dermaßen an, dass er *heraus*will. Er wünscht sich etwas anderes, etwas, das leichter ist und das sich lohnt im Leben. Ob es eine andere Lebensform, ein anderes Leben, Dasein oder ein anderer Lebensweg ist, den man geht, das bleibt am Ende jedem selbst überlassen. Ich hatte mich für einen anderen Lebensweg entschieden. Ich wollte vor allem aus meinem festgefahrenen und übernommenen Lebensmuster *heraus*.

Ich bekam eines Tages ganz unerwartet einen Papierfetzen in die Hände, der aus einer Zeitung herausgerissen worden war. Der Wind blies die anstehende Veränderung genau vor meine Füße, und da dieser Zeitungsfetzen unliebsamerweise an meinem Hosenbein wie angeklebt festhing, musste ich mich bücken, um ihn loszuwerden. Ich wollte erst gar nicht genau hinsehen, was auf dem Papier stand, aber meine Augen erhaschten die fetten Großbuchstaben: WENN DU WEISST, WAS DU DENKST, WEISST DU AUCH, WER DU BIST.

So ein Unsinn!, dachte ich bei mir. Wer denkt sich denn so etwas aus? Ich wusste aber auch, dass es keine Zufälle gibt, denn alles, was mir begegnet, hat einen Sinn. Man erkennt nur im ersten Moment nicht, was damit gemeint ist, weil man das Gezeigte nicht für wahr nimmt. Der Wind bläst ja alles Mögliche durch die Gegend, und ausgerechnet zu mir bringt er diesen lächerlichen Papierfetzen? Wenn ich damals schon gewusst hätte, welche Bedeutung diese Buchstaben für mein weiteres Leben haben würden, hätte ich mich damals schon beim Wind bedankt. Klingt komisch, sich beim Wind zu bedanken, ist aber nichts Ungewöhnliches. Der Wind war schließlich die Ursache dafür, dass sich mein ganzes Leben von heute auf morgen verändert hatte. Ja, nur ein Hauch des Windes, kaum zu glauben! Dabei bläst der Wind fast jeden Tag mal mehr oder mal weniger. Ohne es zu wissen oder etwas dafür zu tun, hatte ich den Weg ins Glück gefunden. Und inzwischen habe ich auch herausgefunden, dass hinter dem Glück die Liebe wohnt. Aber es brauchte eine Zeit, um dies selbst zu erfahren. Ich schob mir also zunächst den Zettel in

die rechte Hosentasche, ohne mir dabei *etwas zu denken*. Vier Tage später musste ich meine Taschen leeren, da in der Waschmaschine noch Platz für meine Hose war. Jetzt hielt ich den Zettel wieder in den Händen und das Wort „denkst" ließ meine Gedanken einfach nicht mehr los. Mir war grundsätzlich klar, dass, wenn ich denke, ich natürlich auch weiß, was ich tue. Warum schrieb man es dann noch extra auf, noch dazu in Großbuchstaben? Das ergab einfach für mich keinen Sinn, Denken und Tun gehörten doch sowieso zusammen.
Wen sollte ich fragen? Wer konnte mir das Denken und das Tun erklären? Wer? Ich dachte: Der Wind hat mir den Zettel an mein Hosenbein geheftet, jetzt muss er mir Rede und Antwort stehen. Beim nächsten Waldspaziergang fragte ich also den Wind: Warum hast du mir den Zettel gebracht, Herr Wind? Ich wartete, fühlte auf dem Gesicht einen leichten Luftzug, aber zu hören war nichts. Wie kann man bloß auf so eine dumme Idee kommen, vom Wind eine Antwort zu erwarten? Aber als ich so wartete und wartete, bemerkte ich, dass meine Gedanken anfingen, etwas zu denken. Und was sie da so dachten, musste ja irgendjemand den Gedanken sagen, oder? In kürzester Zeit schoben sich Gedankenklumpen in meinem Kopf hin und her. Ich erschrak förmlich vor den Gedankensprüngen, die von gestern zu heute und von morgen bis zum nächsten Jahr reichten. Zeitweise hatte ich das Gefühl, gar nicht zu wissen, wo ich gerade war. Die Bandbreite meiner Gedankengänge war mir vorher noch nie so bewusst geworden wie in diesem Moment: Surfen war ich vor fünf Jahren das letzte Mal. Ski fahren werde ich dieses Jahr auch wieder. Meine

tollste Silvesterparty war vor 13 Jahren. So schnell kam ich mit meinen Gefühlen gar nicht hinterher, wie mir meine Gedanken die Zeitblöcke einschoben. Irgendetwas schien da nicht so richtig zu funktionieren in meiner Großhirnrinde. Aber was? Ich meinte, mal nachsehen zu müssen, wer da ständig den Gedankenstrom herumdrehte.

Zu diesem Zeitpunkt fing ich an, meine sogenannten *Ideen* etwas näher zu betrachten. Unentwegt wurden neue Ideen produziert. Ich kam gar nicht hinterher, nachzuvollziehen, worin ihr Ursprung lag. Sie waren einfach da, in meinem Kopf gab es keine Langeweile und auch kein Ausruhen, nur Gedankenhast und Gedankeneile, die mir fast unerträglich vorkamen. Um nicht zu kollabieren, würde ich wohl irgendwann die Bremse ziehen müssen. Ich fragte mich bloß, wie lange das noch dauern sollte. Bis jetzt war mir noch nicht aufgefallen, dass irgendjemand meine Gedanken kontrollierte beziehungsweise aufpasste, was ich dachte oder laut von mir gab. War das überhaupt alles richtig, was meine Gedanken dachten? War das alles ich, was die Gedanken so den lieben langen Tag plapperten, oder wiederholten sie nur das vor Tagen von anderen Gesagte? Was schon gar nicht mehr wichtig, richtig und wahr war, denn es war ja schon vor Tagen gesagt worden oder spätestens gestern. Nichts Aktuelles mehr, nichts unbedingt Wissenswertes, nichts Neues. Und das nur, weil keiner die Gedanken kontrollierte und keiner danach fragte. Warum tut ihr das?, fragte ich meine Gedanken. Warum dieses unnütze Geschwätz? Ich wusste schon, was sie mir antworten würden: Was sollen wir denn sonst tun? Du kümmerst dich

doch nicht um uns, also müssen wir uns selbst beschäftigen. Es gibt da das Fernsehen und die Zeitungen, den Rundfunk und das Getratsche der Nachbarn. Was du bloß hast, das Leben ist so! Uns reicht das aus, wir kommen kaum nach, um alles zu erfassen. Und wir müssen dir sagen, was die Nachbarn denken oder erzählen. Was sie über andere reden, ist doch wirklich interessant!
Peng!, dachte ich so bei mir. Interessantes Leben hoch drei, womit sich meine Gedanken da beschäftigen! Und wo bleibe ich dabei? Sieht irgendjemand mich in diesem vollgepackten „Denker"-Tag stehen? Nein? Schade. Ich wäre gerne beim Denken meiner Gedanken anwesend gewesen, zumindest einen Tag im Jahr hätte doch von mir persönlich mal die Rede sein können, nicht nur von den Nachbarn. Ein kleines Lächeln mit dabei, nur ein ganz kleines, das hätte mir gefallen. Am Anfang zumindest, damit ich überhaupt merke, dass ich noch lebe. Seitdem mir aufgefallen war, dass ich das vermisste, legte ich für mich fest, mein Denken und mein Reden zukünftig zu kontrollieren. Aber nicht erst dann, wenn ich schon beim Reden war, nein, vorher schon, beim Denken vor dem Reden. Seitdem ich das tat, redete ich plötzlich anders. Ich formulierte bewusster ausgesprochene Sätze, die eine Aussage hatten – dabei redete ich normalerweise nicht so oft. Es gab für mich eigentlich nicht viel zu reden.
Jeder Mensch weiß allein, was er zu tun hat. Jeder Mensch kann sich selbst helfen und das kräftigt ihn und macht ihn beweglich. Wenn ich glaube, mit meinen Vorstellungen jemandem helfen zu können, obwohl er nicht verstehen kann, was

ich damit meine, dann lasse ich es doch lieber sein, oder? Ich habe herausgefunden, dass ein Schweigen oft mehr hilft als der Versuch, jemandem etwas aufzudrängeln. Ich entschied jedenfalls, nun noch öfter den Mund zu halten als bisher. Ich machte die Erfahrung, dass ein *Zusehen* wegweisend genug war. Wenn ich jemandem „nur" zusah, war er mehr auf sich selbst angewiesen und konnte das für ihn Richtige tun, mit sich zufriedener und glücklicher sein, in seiner eigenen Kraft sein. Dieses Buch ist für Neugierige, auch für jene, die noch nie etwas von sich selbst *gehört* oder *erfahren* haben, die von sich selbst normalerweise nicht mehr wahrnehmen als das Spiegelbild jeden Morgen beim Zähneputzen und Gesicht-Waschen. Ich habe dieses Buch geschrieben für die Menschen, denen bisher noch nicht aufgefallen ist, dass sich hinter ihrem gewaschenen Gesicht noch etwas mehr befindet als nur Haut und Knochen, dass sich dahinter das Fühlen der Seele versteckt, die ihr wahres *Ich* in sich trägt. Dieses Ich wartet nur darauf, erkannt, gelebt und erfahren zu werden. Es sehnt sich danach, wirkliche Freude ins eigene Leben zu bringen. Es möchte erkannt werden, auch ohne Brille, von Augen, die *erwacht* sind. Augen, die *nicht mehr schlafen*, Augen, die *sehen wollen*.

An einem Bahndamm ein Uhu sitzt,
ob er weiß, wann der Zug kommt?
An einem Bahndamm ein Uhu sitzt,
er war schon gestern da.
Die Mäuse haben keine Angst
vor dem vorüberfahrenden Zug.

Der Uhu ist die Weisheit, die Mäuse sind das Leben. Sie wissen, wie man lebt, sie leben instinktiv. Der uralte Instinkt wohnt jedem inne, er lässt jeden bewusst leben. Du brauchst keine Gedanken dazu, die dich innerlich vielleicht sogar noch krank machen. Die Mäuse sind so glücklich mit ihrem Leben, weil sie *bedingungslos* leben. Dabei sind diese Mäuse doch so klein, mit so kleinen Gehirnen, woher wissen sie das also? Sie können weder lesen noch schreiben, sie haben nur sich und ihr inneres Wissen. Es gibt viele, viele Wege, die du gehen kannst in deinem Leben. Sind sie erfolgreich, diese Wege? Haben sich deine Wege bisher gelohnt?
Was mich betraf: Auf keinem meiner Wege hatte ich mich jemals selbst gesehen, ich sah immer nur die anderen. Und trotzdem musste ich sagen, dass all diese Wege die richtigen gewesen waren, und zwar deshalb, weil ich erst bis an diesen Punkt kommen musste, um genau zu erkennen, was ich zu verändern hatte. Ich hätte schon zehn Jahre zuvor darauf kommen können, aber nein: Ich war erst jetzt an dieser Stelle meines Weges angelangt. Diesen Punkt, diese Stelle auf dem eigenen Lebensweg zu finden, ist die größte Herausforderung für jeden Menschen. Das hat etwas mit Selbstliebe zu tun, mit Selbstakzeptanz, mit Nähe, Glück, Gelassenheit und Zufriedenheit. Das ist mit viel, viel Arbeit verbunden, die aber von Tag zu Tag mehr Spaß macht und Freude bringt, weil man sich endlich um das eigene Glück und die eigene Liebe kümmert. Der Mensch kann nur zwei Dinge leben, entweder die Angst oder die Liebe. Ich habe mich für die Liebe entschieden, weil ich das authentischerweise bin. Es gibt nichts Erfüllenderes,

als meine Liebe zu leben, das macht mich *allumfassend* glücklich.
Vielleicht spürst du, dass die Zeit reif ist für Veränderungen in dir selbst. Vielleicht fehlt dir auch die Liebe zu dir selbst und du suchst noch zu sehr im Außen nach Anerkennung und Zuwendung. Sobald du erkennst, dass das, was du brauchst, du selbst bist, weißt du auch genau, wie du mit dir umgehen musst.
Sollte dir im Laufe dieses Buches das wirkliche Leben begegnen, dann erschrick bitte nicht, denn es sieht bestimmt anders aus, als du gerade glaubst. Ist der Tag schön, bist auch du schön. Der Winterschlaf ist das Vergangene, das Erwachende ist der neue Frühling. Der Mensch lebt, um sich zu finden, nicht, um sich zu vergessen. Nicht nur Weihnachten und Geburtstage sind ein Fest, sondern jeder Tag ist ein Festtag!

> **Wenn du weißt, was du denkst,**
> **weißt du auch, wer du bist.**

RAHMENBEDINGUNGEN CHECKEN

Die Voraussetzung für bewusstes Denken besteht in der Klärung der Rahmenbedingungen: Ohne genau zu wissen, was ich will oder nicht will, kann ich nichts tun. Ich muss erkennen, was ich tun will. Je mehr ich es bewusst erkenne, desto größer wird mein Vertrauen zu mir selbst und desto mehr Liebe wächst in mir. Ein Freund, mit dem ich mich öfter unterhielt, erzählte, dass seine Denkbewegungen in alle Richtungen des Lebens reichten, aber vor ihm selbst haltmachten. Dadurch wurde er aufmerksam auf sich selbst und es brachte ihn auf die Idee, sein Denken zu *fokussieren*. Er versuchte, sich selbst in das Denken mit einzubeziehen, sich selbst in jeden vollen Gedankentag mit einzubauen. Durch seine vielen angehäuften Gedanken schien er selbst keinen Platz in seinem Leben zu haben. Sein *Ego* bestimmte, was seine Gedanken zu denken hatten und was er zu tun hatte. Diese Feststellung war zunächst nicht sehr erfreulich und sie zog unvermeidlich eine Veränderung nach sich. Er machte die schmerzliche Erfahrung, dass *alles andere* wichtiger war als *er selbst* – da stimmte doch etwas nicht in seinem inneren System. Da musste der Programmchef her, sein Denkmuster musste umgeschrieben werden. Sofort!

Bei meinem Freund hatte diese Erkenntnis eine erste Veränderung in Gang gebracht. Darauf war er sehr stolz, denn das bedeutete für ihn, selbst etwas in sich verändern zu können. Sonst waren es immer die anderen, die etwas an ihm ändern wollten, die ihm in einer Tour sagten, wie und wann er welche Dinge so und so zu machen hatte. Diesmal machte er das, *was er sich selbst sagte*. Er glaubte, das war das Richtigere von all den Möglichkeiten, die er hatte.

Ich hörte in seiner Stimme, wie stolz er war, diese Erfahrung gemacht zu haben, und ich freute mich sehr für ihn. Ich war glücklich über dieses Gespräch, welches auch mir neue Erfahrungen gebracht hatte. Noch hoffnungsvoller war ich, als ich ihn kurz danach an einem schönen Sommertag in seinem Garten besuchte. Sein mit vielen bunten Blumen bewachsenes Areal duftete herrlich. Der mit verschiedenen Sträuchern bepflanzte und von menschlicher Hand wenig berührte Garten machte auf mich zuerst einen etwas verwirrenden Eindruck. Ich traf meinen Freund dabei an, wie er eine Wegeinfassung als Begrenzung zu den bunt blühenden Beeten eingrub. Gut!, sagte ich mir, die Rahmenbedingungen, die er in seinem Inneren geschaffen hat, zeigen sich jetzt auch im Außen. Ein wichtiger Lehrsatz für mich ist dieser: „Wie im Innern, so auch im Außen!" Eine Veränderung vollzieht sich immer auf zwei Ebenen, erst dann schafft sie ein festes Fundament. So lange, wie ich über eine Veränderung nur nachdenke oder von ihr spreche, solange ich sage: Ich müsste ..., ich könnte ..., bleibt diese Veränderung nur ein Gedanke, eine Idee. Erst wenn ich diese Veränderung „tue", wird sie wahr. Doch der erste Schritt ist bereits getan, wenn ich das erkannt habe. Und je mehr ich bewusst darüber nachdenke, desto eher bewege ich mich auch praktisch Schritt für Schritt in die Veränderung *hinein*. Dadurch wird auch die Freude größer.

> **Gefühle sind der Schatz,**
> **den man in sich trägt.**

DAS LEBEN BIN ICH

Wollte ich irgendetwas verändern oder etwas neu beginnen, war das immer ein Anfang – die sogenannte *„Stunde Null"*, die Geburt des Neuen und der Beginn der Veränderung. Irgendwann stieß ich beispielsweise auf den Begriff „Reiki", der sich in meinem Kopf festsetzte und nicht mehr herauswollte. Mein Kopf brauchte für den Begriff eine Erklärung, also suchte ich sie in Büchern.

Reiki sei eine Heilkunst, die sich universelle Lebensenergie zunutze macht, das hatte ich noch nie gehört. Die Methode hing eng zusammen mit der Aktivierung der Selbstheilungskräfte, auch das war mir unbekannt. Fragen über Fragen entstanden im Laufe des Lesens in mir: Wie funktioniert das? Brauche ich das? Eines leuchtete mir sofort ein: Wenn man sich selbst heilen kann, ist das schon mal besser, als wenn es der Chirurg mit dem „Messer" oder eine „Chemie" tut. Was Yoga ist, wusste ich

bereits, auch autogenes Training war mir vertraut. Nun beschäftigten mich Reiki, Lebensenergie, Selbstheilungskräfte – Worte, deren tiefere Bedeutung ich für mich herausfinden wollte.
Die Weisheit des Lebens kann man nicht erlernen, sie ist das Ergebnis eines Entwicklungsprozesses, der sich *von ganz allein* vollzieht beziehungsweise sich *einfach so* einstellt. Diese Einsicht begegnete mir beim Weiterlesen und ich war natürlich daran interessiert, herauszufinden, wie sich das in meinem Fall bewahrheiten würde. Also las ich weiter und irgendwann bemerkte ich tatsächlich – allein durch das Lesen – winzig kleine Veränderungen in mir. Ich *fühlte* anders und ich *wählte* auch andere Worte, wenn ich redete. Wo kam das plötzlich her? Ich hatte nichts weiter getan, nur gelesen. Ich konnte also nicht genau sagen, wie es passierte, aber ich fühlte, dass ich *innerlich gereift* war. Es geschah einfach ohne mein Zutun und ich begriff tief im Innern, wie schön es ist, einfach *da zu sein*. Das zu spüren, ließ mein Leben plötzlich *bewusster* werden. Alles, was ich tat, war Wirklichkeit, wahre Wirklichkeit. Ich hatte es bis jetzt nur noch nicht erkannt, weil ich gar nicht richtig *da war*, weil es für mich immer nur die anderen gab.
Hast du dich schon einmal gefragt, wie *du* gerne leben würdest? Oder *wer* du sein möchtest, ohne dabei an die anderen zu denken oder zu überlegen, was die anderen dazu sagen? Stell dir das vor: Nur du allein entscheidest, wer du bist und was du tust, wie du lebst und was du denkst. Traust du dich das? Oder bist du zu feige?
Wie oft hatte ich bis zu diesem Zeitpunkt schon vor dieser Frage gestanden! Um die Welt wollte ich reisen, mit einer Ta-

sche voll Angst. Eine Menge Träume, aber kein Selbstvertrauen, mehr hatte ich nicht zu bieten. Ich sah nur meine Gedankenwelt. Sie war ziemlich klein und unvollkommen, es war auch keiner da, der mich an die Hand nahm. Ich hatte nur mich und ich war es nicht gewohnt, selbst meine Träume umzusetzen. Wie lange sollte ich noch warten? Ich konnte doch jeden Tag eine Veränderung gebrauchen, egal wie alt ich war. Es selbst zu tun, darauf kommt es an!, sagte ich mir. Also vergiss einfach die anderen, sie werden sich wundern, wie gut ich allein mit mir zurechtkomme! Ich war erstaunt, denn es war niemand da, der mir reinredete oder alles besser wusste als ich. Natürlich vorausgesetzt, ich hörte ganz still nur mir selbst zu, auf das, was da jemand tief in mir sagte. Man kann es nicht als Reden bezeichnen, es war vielmehr ein Flüstern, ein ganz, ganz sachtes und leises Vor-sich-her-Sagen. Deshalb bedurfte es äußerster Konzentration und viel Hingabe beim genauen *Hinhören* – zumindest am Anfang, so lange, bis ich mich daran gewöhnt hatte. Wenn man geübt ist im Hinhören und im *In-sich-Hineinhören*, bedarf es keiner Anstrengung mehr, dann *erlebt* man es einfach.

Es ist wie in der Schule, denn etwas Neues muss immer erst gelernt werden. Kannst du es dann, machst du es ein Leben lang. Man könnte es mit dem Radfahren vergleichen: Du hast es als Kind gelernt und fährst ein Leben lang Rad. Selbst in Jahren des Nicht-Radfahrens verlernst du es nicht. Wenn du dann wieder damit anfängst, wackelt zwar der Lenker noch etwas, aber nach den ersten dreißig Metern sitzt du schon wieder fest im Sattel.

Zum ersten Mal fiel mir auf, dass in mir jemand war, der mir etwas erzählen wollte, besser gesagt, etwas „aufzwingen" wollte. Irgendjemand sagte mir, was ich zu tun und zu lassen hatte. Wer war dieser Typ? Das bin aber nicht ich!, dachte ich prompt. Aber wer war denn da noch? Ganz energisch sagte ich zu mir selbst: Hör auf, mir ständig irgendwelche Gedanken zu „sagen", mir vorzuschreiben, was ich machen soll! Ich will nicht! Wer bist du überhaupt, der es sich rausnimmt, über mich zu bestimmen? Ich war verwundert, denn plötzlich erhielt ich sogar eine Antwort: Ich bin es. Du kennst mich nicht. Ich bin deine Gedankenspirale, die sich ständig in deinem Kopf dreht. – Da war also wirklich jemand und den kannte ich wirklich nicht, der war mir neu. Jetzt wurde es interessant!
Es wird höchste Zeit, dass wir uns kennenlernen und einmal ins Gespräch miteinander kommen, sagte dieser Jemand in mir. Ich denke *schon immer* für dich und sage dir, was du zu tun hast. Jahrelang mache ich schon diesen Job in deinem Kopf. Ich bin dein Jobcenter, noch nie etwas davon gehört? All die vielen Jahre hast du nie etwas gegen mich gesagt. Bis jetzt war doch immer alles richtig und ich sagte dir immer nur die Wahrheit. Ich will immer nur das Beste für dich und es soll dir ja auch weiterhin so gut gehen mit mir wie bisher. Es gibt niemanden außer mir, der nur *dein Bestes* will. Glaube mir, alle anderen, die meinen, sie wüssten es besser als ich, belügen dich! Ich bin schon immer dein Freund gewesen und ich werde es auch bleiben. So schnell wirst du mich nicht los!
Wow!, dachte ich. Das war eine Lektion, die mir zu denken gab. So einer hartnäckigen „Person" war ich doch noch nie

begegnet. Wer hatte mir die denn geschenkt? Auch solche Geschenke muss man leider annehmen, man kann sie nicht so ohne Weiteres zurückgeben. Umtauschen vielleicht, aber wer will schon das eine Ego gegen ein anderes Ego tauschen? Also musste ich nun selbst sehen, wie ich mit meinem Besserwisser zurechtkam. Ihr habt recht, Gedanken!, sagte ich zu ihnen. Bis jetzt war es nach eurer Meinung richtig, wie ihr mein Leben gestaltet habt. Mir ist aber inzwischen aufgefallen, dass ich auf euch Gedanken aufpassen muss! Da staunt ihr, was? Ab jetzt werde ich mich selbst kontrollieren!
Dies war vorerst für mich die richtige und einzig wahre Lösung. Ich sagte mir seitdem, dass dieser Jemand in meinem Kopf mein Denker der besonderen Art ist. Ich hatte gespürt, dass er ganz leise denkt und dass sein Denken keine Worte sind, sondern nur gefühltes Tun ist. Du wirst ihn nicht kennen, er ist nämlich nicht zu hören. Er kann auch nicht schreien, er ist weder zänkisch, noch bekommt er Wutanfälle. Nur durch Zufall war ich diesem *Anders-Denker*, diesem fühlenden Wesen in mir begegnet. Der Stress des Alltags hatte mich voll im Griff gehabt und die Situation war mehr als verfahren. Ich war am Aufgeben, ich wollte nicht mehr. Meine Kräfte für den täglichen Kampf waren verbraucht, also ließ ich alles sein und wartete ab. Ich wusste nicht weiter und mir war auch alles egal. Irgendwie spürte ich, dass sich das Blatt drehte. Ohne mein Zutun geschahen Dinge, an die ich vorher nie gedacht hatte. Mein inneres Mich-Zurücknehmen zeigte mir zum ersten Mal, wie es richtig geht. Aus dieser Perspektive hatte ich mein Leben noch nie betrachtet.

Ich war schon etwas verwirrt und verwundert, dass auch ohne mein Zutun alles so leicht und einfach ging. Daran merkte ich, dass ich noch allerhand über mich selbst lernen musste. Und dann stellte sich für mich die Frage, woran ich es erkennen könnte, wann ich mich zurücklehnen musste und wann nicht. Ab diesem Moment in meinem Leben, der wie ein kleiner Weltenwechsel in mir vonstattenging, merkte ich, dass noch viele andere Dinge unbewusst abliefen, die sich meiner Kontrolle entzogen. Ab diesem Moment begriff ich, dass die Dinge querliefen, wenn ich meine Gedanken mit ins Spiel brachte. Jetzt blieb für mich nur noch herauszufinden, *wann*, *wie* und *wo* ich *was* wirklich tun musste.

Das Besondere an dem anderen Denken war, dass ich ihm nicht zu sagen brauchte, was ich wollte, *es* wusste es nämlich bereits und tat es einfach, ganz von allein. Das Überraschende dabei war, dass dieses Denken immer das Richtige tat, auch wenn es im Moment nicht so aussah, was da geschah. Es hatte den Vorteil, mehr zu fühlen, als ich glauben konnte. Man sagt, der *Bauch* sei des Menschen zweites Gehirn, denn er fühlt schon vorab, was geschieht oder worum es gerade geht.

Ich hatte die Erfahrung selbst gemacht: Mein Bauch, also mein Fühlen, war meinem denkenden Kopf weit voraus. Mein Kopf konnte also etwas von meinem Bauch lernen, bloß: Wie stellte ich das an? Beide sprachen offensichtlich nicht dieselbe Sprache und kannten sich obendrein noch gar nicht. Mir schien, sie wollten sich auch gar nicht kennenlernen, dafür waren sie zu verschieden und es würde sowieso nicht funktionieren, daraus eine Partnerschaft zu machen. Einer würde wohl immer

das Nachsehen haben. Da musste ich mir eine andere Lösung einfallen lassen. Da bist selbst du sprachlos, mein lieber Ego-Kopf!, sagte ich vor mich hin. Ich übrigens auch!
Als ich das alles herausfand, fehlten mir wirklich die Worte. Was hatte ich mich all die Jahre angestrengt und geschafft – und plötzlich brauchte ich das alles nicht mehr? Es ginge auch ohne Anstrengung? Ja, so einfach war das, das Leben funktionierte auch ohne Anstrengung. Es war nur die Frage, wie. Mein Ego sagte mir täglich: Das ist alles Quatsch, nur meine Gedanken sind richtig und wichtig. Ein Leben lang musst du mit deinem Kopf denken, es geht gar nicht anders! Du musst mir unbedingt glauben, niemand sonst kann so gut für dich denken und handeln wie ich! Ich merkte, dass ich bisher nichts anderes gekannt hatte, und natürlich hatte ich diesen Unfug über viele Jahre hinweg geglaubt. Ich hatte daran nie gezweifelt und einfach getan, was es mir befahl.
Es hatte ja bisher keine freie Sekunde gegeben, in der ich nicht mit irgendwelchen Gedanken beliefert wurde. Ob ich sie brauchte oder nicht, sie waren einfach da. Ich wunderte mich nicht und fragte auch nicht weiter nach. Warum war mir das denn noch nie aufgefallen?
Gedanken, Hauptsache Gedanken, etwas anderes brauchte ich nicht. Lieber ein Dutzend mehr als drei Gedanken zu wenig. Es könnte ja eine Gedankenlücke entstehen und ich müsste darüber nachdenken. Allmählich stellte ich fest, dass mein Ego genau aufpasste, damit nicht die kleinste freie Sekunde zwischen den Gedanken entstand. Es mochte keine Pausen, sondern Stress, Hektik und Durcheinander, damit es

etwas zu ordnen hatte. Erst dann fühlte es sich wohl. Ich konnte gar nicht genug Wissen aus Zeitungen, Rundfunk und Fernsehen in mich hineinstopfen, um es mit Aufgaben zu füttern. Immer hinein damit!
Mir wurde bewusst, dass schon genug Vergangenheit in meinem Kopf unbewusst gespeichert worden war über all die Jahre. Es reichte jetzt, ich wollte nicht mehr. Ich war gespannt, wann meine Festplatte da oben voll wäre und *den Geist aufgäbe*, wann der Kopfspeicher wegen Überfüllung und wegen Überfütterung in Flammen aufgehen oder geschlossen werden würde. Das würde ein Geschrei geben! Ich freute mich schon auf diesen Zeitpunkt. Aber noch war Platz, noch lief er nicht über. Allzu viel Speicherkapazität war wohl nicht mehr vorhanden, denn mein Erinnerungsvermögen ließ bereits spürbar nach. Ich glaubte, die Überfütterung stände kurz bevor – und so weit durfte es auf keinen Fall kommen. Ich wollte schließlich keinen Gehirnschlag erleiden oder in ein Burn-out rennen oder einem Herzinfarkt erliegen. Ich hatte noch viel vor in meinem Leben und würde wohl noch rechtzeitig vorher *aussteigen* müssen aus dieser Gedankenfalle. Ich würde es spüren, wenn der Kopf zu voll geworden wäre. Ich würde sofort das Gedankenrad anhalten, bevor es mir einen Herzinfarkt, einen Tumor oder Schizophrenie in den Körper schleuderte.
Immer das zu tun, was die anderen mir sagten, war einfach und schien zu stimmen. Letztlich taten das alle Menschen, dann musste es doch richtig sein, oder? Ich musste mir meinen Kopf darüber nicht zerbrechen, es würde schon stimmen.

Wenn es schiefginge, ginge es ja bei allen schief und nicht nur bei mir. Wenn es sogar die Medien behaupteten, stimmte es auf alle Fälle, hundertprozentig! Oder? War das wirklich so? Wie ein Blitz durchzog mich der erste ernsthafte Zweifel: Die Medien, das war ja nicht ich! Medien waren Manipulation und Macht. Sie lenkten mich immer in ihre Richtung. Doch ich war *ich* und *meinen* Weg kannte auch *nur ich*. Ich war auch nicht der Mülleimer der Wirtschaft, mein Leben war mir doch mehr wert. Ich würde jetzt versuchen, das Denken gegen das Fühlen zu tauschen. Wie ich das hinbekommen würde? Ich hatte noch keine Ahnung, es musste aber alternative Wege geben, sonst würde niemand Bücher darüber schreiben. Das machte mir Mut und ich begann einiges auszuprobieren.

Als Nächstes betrachtete ich, welchen Süchten viele Menschen verfallen waren: Nach wenigen Minuten schon der Griff zur nächsten Zigarette, zur nächsten Flasche Bier. Rauschgift. Sex. Wenn mir das bei anderen auffiel, musste bei mir wohl auch Bedarf da sein, mutmaßte ich. Jedenfalls hatte ich den Verdacht, auf unbewusste Weise selbst auch süchtig zu sein. Die anderen spiegelten mir, was ich bei mir noch bearbeiten musste. Also forschte ich ganz im Stillen, welche Süchte bei mir selbst zu finden wären. Ich erkannte plötzlich alles, was mich einengte, was meine Gedanken so alles mit mir machten. Ich lebte unbewusst das, was meine Gedanken mir vorgaukelten. Aber wieso und warum? Hatten sie das Recht, über mich zu bestimmen? Warum verbanden sie sich nicht mit meinen Gefühlen? Noch nie etwas von Gedankenaustausch gehört?, wetterte ich gegen meinen Kopf. Das wäre doch eine geniale

Lösung für mich und mein Leben, oder etwa nicht? Warum waren meine Gedanken und Gefühle bisher noch nicht auf die Idee gekommen, sich zu verheiraten? Da oben, im kleinen Stübchen mit den Tausenden von Gedanken, fände dann eine *denkend fühlende* Klärung statt. In Sekundenschnelle hätte ich immer die wirklich richtige Antwort und könnte handeln. Ein fantastisches Leben wäre das, es gäbe kein Wenn und Aber mehr. Ich hielt das für eine naheliegende und gleichzeitig optimale Lösung.

Doch die Gedanken fragten nicht: He, ihr Gefühle, was fühlt ihr gerade? Was ist euer Eindruck zu diesem Thema? Nichts dergleichen, die Gedanken wollten sich nicht reinreden lassen, sie hörten lieber auf das Ego, das sie ohnehin schon all die Jahre über dominiert hatte. Trotzdem war es paradox: Gefühle und Gedanken wohnten Tür an Tür in meinem Körper. War das nicht verrückt? Unglaublich, dass es so etwas gab! Der Mensch ist perfekt gebaut und trotzdem kennt er sich nicht, ging mir plötzlich auf. Und das machte mich noch neugieriger auf mich selbst. Ich musste unbedingt herausfinden, was mich von mir selbst entfernte. Ich beobachtete meine Gefühle, die leise, sacht, sanft und erfüllend immer da waren in mir. Warum nutzte und beachtete ich sie so selten? Ich brauchte sie doch nur zuzulassen, um sie wirklich zu *erfahren*. Es gab doch eigentlich nichts Besseres, als jeden Tag fühlend zu verbringen, ohne immer alles mit dem Kopf zu bewerten und zu beurteilen. Es wäre das Paradies, das beste und gesündeste Geschenk, das ich meinem Körper jemals würde machen können. Wenn du ihnen einmal in dir begegnest, dann wundere dich nicht, sie sind nichts Neues, sie wohnen schon seit deiner Geburt mit dir zusammen. Mich hat es fast umgehauen, als ich das erkannte. Man verlernt nur im Laufe der Jahre ihre Handhabung. Damit meine ich nicht, sie zu gebrauchen. Gefühle kannst du nicht gebrauchen, du kannst sie nur zulassen und leben. Ich habe die Erfahrung gemacht, und du kannst sie auch erleben: Sie sind immer wieder neu und schön. Aber Vorsicht: Verwechsle nicht Gefühle mit Sucht. Sucht ist ein wiederkehrendes regelbares Verlangen, dem Körper irgendeine Befriedigung zu geben, nach der er gerade verlangt – ob Alkohol, Zigaretten, Sex, Computer, Fernsehen, Rauschgift oder sogar die eigene Kraftlosigkeit. Eine Sucht gaukelt dir etwas vor: Ich bin das Schönste und das Beste auf dieser Welt, was es gibt für dich. Folge mir jeden Tag und so oft du kannst, nur Fliegen ist schöner! Es kommt dir so vor, als ob du wirklich fliegen würdest, ohne je wieder landen zu müssen. Irrtum! Du musst nach jedem gestarteten Versuch wieder zurück in die Wirklichkeit und dann geht die ganze Sache wieder von vorne los. Die nächste Befriedigung steht an, denn die Sucht lässt nicht locker und auch nicht lange auf sich warten. Du musst schnell etwas dagegen tun, denn Süchte haben eine wahnsinnige Kraft. Sie können gemein, hinterhältig, brutal und geistesgestört machen, wenn man sie nicht bedient.

Ja, es ist die eine innere Stimme, die jeder täglich mit sich herumträgt und als gegeben hinnimmt. Man weiß es und will sich auch jeden Tag ändern, doch jedes Mal fehlt die Kraft des Entschlusses. Es ist ein stetiges Jagen und ein Davonrennen vor sich selbst. Wenn du das erkennst, kannst du etwas daran ändern. Es sind deine Gedanken, sie gehen täglich bei dir ein und aus und manchmal sind sie ziemlich laut und aufbrausend. Du hast sie noch nicht einmal gesehen, aber du erkennst sie am schweren Schritt. Du kannst auch deinen Gedanken ins Gesicht schauen. Sieh genau hin! Du spürst, was sie gerade denken.

Der „beste" Freund der Gedanken ist das Ego. Sie können sich zu hundert Prozent auf das Ego verlassen. Mir scheint manchmal, dass mein Denken so von sich überzeugt ist, dass es meint, ständig das Richtige zu denken. Es sagt ihm ja keiner: Du, Denker, du denkst falsch! Man hat doch in sich nicht zwei unterschiedliche Denkweisen, dachte ich bisher. Konkurrenzkampf gibt es nur in der materiellen Welt, in meinem Kopf gibt es nur den einen Gedanken, den ich gerade habe und der sich in diesem Moment gerade einstellt. Oft fragte ich mich, wo meine Gedanken nur das Recht und die Macht hernehmen, so selbstbewusst und oftmals so unüberlegt – manchmal auch gnadenlos – *gegen* mich selbst zu denken. Fast rücksichtslos rennen die Gedanken herum, ohne die Hilferufe meiner Seele zu hören, sie zu bemerken oder zu erkennen – noch nicht einmal, wenn ich im Krankenhaus auf dem OP-Tisch liege. Spätestens dort sollte ich doch begriffen haben, dass etwas in meinem Leben und an meiner Denkweise geändert werden muss.

Es war nicht die Richtung in das Glück, sondern es war die Richtung in die Krankheit und auf den OP-Tisch, in meinem Fall ganz buchstäblich. Der Weg zur Gesundheit wäre jedoch der richtige gewesen. Meine Krankheit bedeutete ein Signal, ein großes „STOPP!" für mich. Die Krankheit sagte: Halt! Sofort stehen bleiben! Das war der große Wendepunkt in meinem Leben. Dieses Alarmzeichen meiner Seele hatte ich glücklicherweise deutlich wahrgenommen. Es bedeutete für mich, alles Tun und Handeln sofort zu vergessen beziehungsweise zu ändern – zu verändern.

Die Vergangenheit klebte an mir wie Pech und Schwefel. Meine Gedanken kreisten immer nur um das Gewesene. Diese Gedankenschleife in meinem Kopf war dermaßen festgefahren, ich kam aus diesem Immer-und-immer-wieder-das-Gleiche-Denken nicht heraus. Tausende von Gedankenpfeilen trafen unentwegt in meinem Kopf ein. Ein Gedanke jagte den anderen, noch nicht mal fertig gedacht, standen schon drei weitere Gedankenmuster in der Schlange. Ich konnte weder nachts schlafen, noch sah ich am Tage die Blätter am Baum hängen. Ich war jahrelang nur mit der Vergangenheit spazieren gegangen, bis ich es erkannte: Der Tag, den ich erlebe, ist heute und nicht gestern! Ich musste neu verstehen lernen, was mein Körper mir sagen wollte. Er allein, nur er und kein anderer, konnte mir zeigen, wie ich zu leben habe. Der Weg, den ich bis dahin gegangen war, endete jedenfalls zunächst auf dem OP-Tisch. Ich hatte mich selbst dorthin gebracht mit meinem Gedankenchaos, das gesteuert wurde von meinem Ego. Schönen Dank auch! Wie oft wollte ich noch so daliegen, bis mir klar werden würde, was wirklich mit mir geschah? Ich musste schließlich nicht nach einem Schuldigen suchen, ich war es ja selbst. Aber ich hatte es nicht bemerkt – kein Wunder, mein Ego wollte von dieser Schuld nichts wissen.

Es war eine Sackgasse, in die ich hineingefahren war mit meinem Leben. Erinnere dich!, sagte ich mir. Denk doch mal an das Schild: Sackgasse. Irgendwann geht es nicht mehr weiter, das lernt man spätestens in der Fahrschule. Gedanken und Ego kannten anscheinend *nur* Straßen, die vor einer Wand enden. Sie fuhren mich überall hin, egal wohin ich wollte, aber es waren eben immer Sackgassen, ohne dass ich das bemerkte. Und was ich damals noch nicht wusste: Je weiter ich in eine Sackgasse hineingeriet, desto mehr Wegstrecke musste ich wieder zurückgehen, und zwar Schritt für Schritt. Meine Seele forderte es in diesem Augenblick ein. Sie wollte die alten, über die Jahre zu schwer gewordenen Gedankenmuster und Blockaden nicht mehr mit sich herumtragen. Sie litt unermesslichen Schmerz, sodass mein Körper nun nicht mehr richtig funktionierte. Zuerst entstanden Ausfälle und „Kurzschlüsse" im Bewegungsapparat, hervorgerufen durch mein eigenes Steuerungssystem im Kopf. Fast könnte man sagen: Pech gehabt, kaputt ist kaputt! Sicher, vieles ist reparabel, wenn man es nur will, mit einem starken Willen bringt man manchmal sogar eine Spontanheilung zustande. Um meinen Zustand besser zu verstehen, stellte ich mir vor, dass ich mit einem Schnellzug in die Sackgasse hineingefahren war und nun zu Fuß wieder zurückgehen musste. Ich hatte die ganze Strecke meines Lebens bis jetzt im Eiltempo zurückgelegt und musste den Rückweg Zentimeter für Zentimeter aus eigener Kraft gehen.

Als ich das so begriffen hatte, lief mir ein eiskalter Schauer über den Rücken. Diese Rückwärtsschritte würden es in sich haben, es würde nicht leicht sein. Jahrelang war ich buchstäblich gerannt, den ganzen Tag lang. Jetzt ging ich an echten Gehhilfen, um aus diesem Seelenschmerz herauszukommen. Ich hatte eine Hüftoperation hinter mir und mit Krücken war nicht zu spaßen! Das Gehen an Krücken wollte schon im realen Leben gelernt sein, auf meinem inneren Weg musste ich allerdings rückwärtsgehen, an Krücken! Entschuldigt bitte!, sagte ich zu meinen Gedanken. Wenn ich etwas ändern will, dann muss ich alles, was ich über die Jahre in meinem Kopf angesammelt habe, wieder abgeben. Ich muss dringend loslassen, alles rausschmeißen aus meinem Kopf, vor allem das, was längst überfällig ist.

Es war, als würde ich meinen Kleiderschrank öffnen und sagen: Alles raustreten, was älter als zwei Jahre ist! Die Zeit geht weiter, ich brauche Platz für neue Dinge. Die Generationen vor mir hatten ihr eigenes Leben gelebt, jetzt ging es um mich und ich brauchte auch nur mich. Die Vergangenheit war vergangen, sie belastete mich nur, und zwar schon ziemlich lange. Wenn dir deine innere Stimme rät, auszumisten, dann erschrickst du dermaßen, weil dir unmittelbar klar wird, dass dein Leben bis hierher wie ein *falscher Film* gelaufen ist, in dem du wie eine Marionette unter fremder Regie gespielt hast. Wenn du eine Szene abgedreht hast, kommt sofort das nächste Skript und immer so weiter. Eine wirkliche Zufriedenheit gibt es da nicht, dein Ego will immer nur ranschaffen, immer und immer mehr, ohne dass du es je bemerkst. Du hast das eine Ziel kaum geschafft und die Zufriedenheit noch nicht einmal so richtig genossen, da sagt dein Ego schon wieder, dass du noch mehr erreichen kannst. Und ohne groß nachzudenken, fällst du auf deinen eigenen Ego-Trip rein und ziehst doch nie das große Los. Und dann, irgendwann, gehst du an diesem *Mehr-Wollen* „kaputt".

Du bist das, was du denkst und sagst, und das lebst du auch. Als ich die Wahrheit in diesem Spruch erkannte, hat es mich fast aus den Socken gehoben. An dieser Stelle meines Lebens wurde mir bewusst, dass andere mit mir Ball spielten, ich aber der Ball dabei war! Sie warfen mich immer genau dorthin, wo sie mich brauchten, wo die anderen mich verbrauchten. Und jetzt versuchte ich, diesen Ball zu stoppen oder wenigstens ein Eigentor zu schießen – einmal etwas nur für mich zu tun.

Ich hatte schon als Kind ein ganz bestimmtes Gefühl in mir getragen, dem ich jedoch nicht nachgehen konnte. Zum einen erkannte ich es nicht und zum anderen konnte ich es auch gar nicht deuten. Ich hatte seit meiner Kindheit nach etwas ganz Bestimmtem gesucht, wusste aber nicht, was genau es war. Schaute ich nun auf die vergangenen Ereignisse meines Lebens zurück, fühlte ich mich völlig *unwissend.* Doch je mehr Unwissenheit dabei war, desto richtiger war der Weg, den ich jetzt ging. Ich stellte fest, dass jemand in mir Angst hatte und diese Angst bis jetzt mein Leben bestimmt hatte. Sie wollte es um jeden Preis auch weiterhin tun. Diese kleine Panne – mal kurz über den OP-Tisch gerutscht – könnte jederzeit wieder passieren. Hinterher wäre alles wieder „in Ordnung" und das Leben ginge weiter wie bisher. Mein Ego sagte zu mir: Diesmal passen wir auf, diesmal machen wir es ganz anders. Wir machen einen großen Bogen um den OP-Tisch. Das

Symptom ist behoben und wegen der Ursache brauchen wir uns keine Sorgen zu machen. Die Ursachen findet sowieso kein Arzt, wir haben ja unsere Tabletten. Tabletten helfen immer! – Glaubst du das wirklich?, fragte ich mein Ego. Du meinst es ja nur gut mit mir, aber das war jetzt schon die zweite OP und – zuerst war es nur eine Tablette – inzwischen sind es schon vier Tabletten zum Frühstück.
Die Tabletten nahm ich ja nicht wegen meiner Beine, sondern für meinen Kopf: Das Durcheinander sollte etwas „gerichtet" und „geordnet" werden. Tabletten konnten mich aber nicht sortieren und auch nichts umstapeln in meinem Kopf. Sie konnten mich nur beruhigen, benebeln und jeden klaren Gedanken beziehungsweise jedes Gefühl abtöten. Ich schlief dank der Tabletten nicht nur die ganze Nacht durch, sondern auch noch den halben Tag. Ist das nicht klasse? Den Rest deines Lebens verbringst du mit Schlafen, sagte mein Ego. Das ist doch auf alle Fälle besser, als den ganzen Tag zu arbeiten. Sein Gehabe ging eindeutig zulasten meines Körpers, meiner Gesundheit, meiner Lebensfreude und meines Lebensalters. Stopp!, sagte etwas in mir. Ich habe dich durchschaut und ab sofort geht es so nicht weiter! Was war das für eine wunderbare und zugleich erschreckende Erkenntnis! Das war mir bis jetzt noch nicht in den Sinn gekommen. Mein Ego und meine Gedanken mussten wohl für einen Moment geschlafen haben. Es gab kurz mal keine Kontrolle in meinem Kopf und es fühlte sich einfach leer an. Komisch, dachte ich, das kenne ich ja noch gar nicht. Ich blickte aus dem Fenster und sah, wie schön der Wind die wenigen Blätter am Baum vor meinem Haus

hin- und herdrehte. Ich glaubte, nun sei es wirklich an der Zeit, endlich etwas *zu fühlen*.
Fühlen ist der größte Wert, den der Mensch seit jeher besitzt. Unvorstellbar, solch einen, mit Geld nicht aufzuwiegenden Schatz zu besitzen und nicht einmal davon zu wissen! Es war an der Zeit, einmal meine eigenen Schätze auszugraben, statt immer nur bei den anderen danach zu suchen. Je mehr ich den Schatz bei den anderen gesucht hatte, desto weniger hatte ich ihn bei mir selbst gefunden. Scheinbar war ich mir selbst im Laufe der Zeit verloren gegangen. Ich hatte immer geglaubt, die anderen müssten mir *etwas geben*, sei es Liebe, Anerkennung oder Aufmerksamkeit. Und wenn ich nun genau hinschaute, hatte ich gar nichts bekommen. Woher auch? Wenn keiner etwas besaß, wie sollte einer da etwas abgeben können? Fragt ein Bettler den anderen nach einem Stück Torte: Beide wissen zwar, wie es aussieht und wie es schmeckt, mehr aber auch nicht. Sie haben keine Torte, was nützt es dann, darüber nachzudenken? So verhält es sich übrigens auch mit der Liebe: Wenn man selbst keine Liebe in sich trägt, kann man sie auch nicht geben oder verschenken wollen. Die anderen haben sie meistens auch nicht und man wartet vergebens darauf, Liebe geschenkt zu bekommen. Es könnte zur Not ein Dankeschön abfallen, aber kurz darauf hat man es schon wieder vergessen. Ist das Leben nicht eigenartig? Man hofft und hofft, aber nichts passiert. Man ist emsig am Arbeiten und Arbeiten und zum Schluss fragt man sich schließlich, wofür man das alles gemacht hat. Man kommt irgendwann zu dem Ergebnis: Du kommst mit nichts und du gehst mit nichts.

Im Außen nach der Liebe Ausschau zu halten, brachte also gar nichts. Liebe war kein Gegenstand und auch keine Person. Sie musste irgendetwas anderes sein, ich hatte es bloß noch nicht herausgefunden. So blieb die spannendste Frage: Wie und wo kann mir die Liebe wirklich begegnen?

Wenn ich genau hinhörte und zuhörte, spürte ich es. Es war die größte Entdeckung, die ich in meinem Leben machen konnte. Ich brauchte dazu nicht viel Zeit und auch keine große Kraftanstrengung. Es kostete gar nichts, außer Aufmerksamkeit. Ich ließ mir Zeit und ging Schritt für Schritt der Sache nach. Egal, welcher Arzt mich untersuchte, egal, in welche Röhre ich geschoben wurde: Das, was ich brauchte, musste etwas anderes sein. Ich setzte mich einfach hin, zu Hause auf meinen Lieblingsplatz, ganz entspannt und ruhig. Ich schloss meine Augen, führte meinen rechten Arm über meinen Oberkörper und legte meine rechte Hand unter meine linke Brust. Was ich dort fühlte, wenn ich ganz ruhig war, *das war ich!* Man könnte fast sagen, es war die „Zentrale" meines Körpers. Mit diesem Herzen war ich geboren worden. Es versorgte meinen ganzen Körper mit Blut und hielt mich als Mensch am Leben. Da – und nur da – war die Liebe zu finden.

Was ich da unter meiner rechten Hand spürte, war eine ganz neue wichtige Erfahrung. Ich gebe ehrlich zu, dass meine Gedanken, angeführt vom laut schreienden Ego, damit überhaupt nicht einverstanden waren. Ich horchte, was das Ego mir sagen wollte. Es war unzufrieden, weil es plötzlich nicht mehr von mir beachtet wurde. Mir war ja inzwischen schon mehrmals aufgefallen, dass mein Ego sich für die wichtigste Person

in meinem Kopf hielt und sich in meinem Leben deshalb immer so aufspielte. Wehe, ich ließe es mir einfallen, es nur eine Sekunde lang nicht zu beachten oder gar zu vergessen. Du glaubst gar nicht, wie laut es schreien kann.
Ich überlegte, wie ich dieses unentwegte Rufen abstellen könnte. Je mehr ich jedoch nach einer Lösung suchte, desto lauter und aufdringlicher wurde das Schreien in mir. Tausende von Stimmen schienen sich wild durch meinen Kopf zu wühlen. Kein Wunder, dachte ich, dass da ab und zu etwas schiefläuft. Es musste eine Ordnung her, ich wusste nur noch nicht, wie ich das anstellen sollte. Mein Kopf brauchte einen neuen Plan, so viel wusste ich schon. Ich musste dringend *weniger denken* und *mehr* zur *Ruhe* finden. Doch wer würde mir dabei helfen, das zu schaffen? War da nicht eine leise Stimme zu hören? Ich glaubte zuerst, es sei nur der Wind. Sagten die Blätter im Baum mir die Antwort? Ich schaute aus dem Fenster und sah, dass der Wind mit einer sachten Gleichmäßigkeit die Blätter zum Schaukeln brachte. Nein, er schob sie nur an und sie schaukelten von ganz allein. Ich saß ganz entspannt da und versuchte, mich in das Bild hineinzufühlen. Willst du nicht wissen, wie es in dir drin aussieht?, sagte die leise Stimme. Stell dein Ego einfach vor die Tür, auch wenn es schreit und flucht! Lass es einfach jammern und hör nicht darauf! Versuche, nur dich selbst zu fühlen, und mach dir über das Ego keine weiteren Gedanken! Wenn du ganz still bist, hörst du in deiner Brust jemanden in einem gleichschlagenden Rhythmus zu dir sprechen. Du wirst am Anfang diese Sprache nicht verstehen, du hast sie ja bis jetzt noch nie gehört. Es ist dieses Klopfen, es

ist dieses Schlagen, es ist deine Melodie, es ist dein Lebensrhythmus. Ja, höre ihn dir an, höre genau hin! So läuft und so schlägt dein Leben! Versuche, Schritt zu halten und nicht wieder davonzurennen! Halte Schritt mit dir selbst, gehe ganz locker und entspannt mit dir um! Sieh ab und zu mal nach links und nach rechts und prüfe, ob du nicht zu schnell gehst oder schon wieder anfängst, mit den anderen mitzurennen! Horch genau hin! Dieser Rhythmus ist das Schlagen deines Herzens, es ist dein inneres Gehen. Das ist dein ganz natürlicher Rhythmus, dein innerliches Fließen ...

Plötzlich trat Stille ein. Wo war der Wind geblieben? Warum hingen die Blätter am Baum plötzlich still? Es war doch gerade noch so schön, mit ihnen zu reden. He, innere Stimme, wo bist du? Hören wir uns wieder und sprechen noch einmal miteinander? Ich brauche dich, bitte hilf mir! Du bist die einzige Wahrheit für mich, nur dir kann ich vertrauen. Bitte rede mit mir, ich brauche dich! Du kannst mir auch eine SMS schreiben oder eine WhatsApp-Nachricht senden, ich antworte dir garantiert. Willst du meine Handynummer haben?

> **Du bist das, was du denkst und sagst,**
> **und das lebst du auch.**

WAS TUE ICH FÜR MICH?

Interessierte ich mich für Sport? Joggen, Walken, Spazierengehen in der Natur? Hörte ich gerne Musik? Wollte ich ein Instrument spielen? Faszinierte mich Kunst? Malerei, Fotografie, Theater? Oder war mir die Arbeit wichtiger als ich mir selbst? Ich wusste es nicht. Jeden Tag war so viel zu erledigen. Was davon war wirklich interessant, was davon war ich? Einkaufen, der Garten, die Wäsche, Essen kochen, die Kinder, die Familie – das reichte, mehr brauchte ich nicht. Wirklich? Von Interessen, einem Hobby, von *mir* konnte bei so einem täglichen Pensum nicht die Rede sein. Es war einfach keine Zeit dafür da. Es blieb am Tag nicht eine Minute übrig für *mich*. Und wenn doch, dann gehörte diese Minute meinem Handy. Von meinem Handy erfuhr ich, was da draußen in der Welt los war. Ich musste doch wissen, was passierte, der Tag wäre sonst zu langweilig gewesen. Ich konnte ohne diese Infos nicht mitreden, wenn die anderen erzählten, wie viele Tote es gab beim Zugunglück oder welche Schäden das Hochwasser angerichtet hatte. Und ganz wichtig für mich war natürlich: Wer hat den Sack Reis in China umgeschubst?

War die Welt nicht toll, voll interessanter Dinge, die ich unbedingt wissen musste? Ich hatte so viel Platz in meinem Kopf, da passten noch viele Unfälle, Hausbrände, Morde, Schicksalsschläge und anderer Müll hinein. Mich schmerzte zwar an manchen Tagen mein kleines Stübchen da oben, aber sobald ich mein Handy eingeschaltet hatte, war alles wieder vergessen. Und nun hatte ich das Empfinden, mich nicht mehr wohlzufühlen damit. Ich sah ja nur eine Welt, die mir vorgespielt und vorgegaukelt wurde. Wollte ich das?

Es war die Welt der anderen, der scheinbar interessanten anderen. Die Tage gingen vorbei, langweilige Tage. Außer Arbeit gab es nichts als die Welt der anderen auf meinem Handy. Ich schlief ein, und am nächsten Morgen begann der nächste Trip. So war seit Jahren mein „tolles" Leben verlaufen, stellte ich fest. Seit so vielen Jahren schon hatte ich dieses im Grunde nichtssagende Dasein geführt. Und mein Ego sagte ständig: Wenn du das *alles weißt*, dann bist du glücklich! Oh, ich hatte es fast vergessen, doch zum Glück fiel es mir jetzt wieder ein: Immerhin gönnte ich mir drei Flaschen Bier jeden Abend, eine Tafel Schokolade oder eine Kiste Kekse oder Chips. Ich war einfach „glücklich", wenn ich das alles hatte. Wow! So sah meine gelebte Zufriedenheit aus. Ich musste mich ja vor mir selbst schämen: Mehr war ich mir nicht wert? Mehr hatte ich mir nicht zu sagen?

Das war natürlich der Hammer, als ich das deutlich erkannte! Es war geradezu gruselig. Kaum zu glauben, dieser Schwindel, den ich mir selbst so lange vorgespielt hatte! Also wirklich, im Ernst?, fragte ich mich. Hat Glücklichsein etwa mit Essen und Trinken zu tun? Alkohol hin oder her, es kommt doch eigentlich auf meine innere seelische Verfassung an, oder nicht?
Ich dachte nach: In meinem Körper befinden sich nur Magen, Darm, Blut, Gewebezellen und der ganze Rest, den ich noch so brauche, um zu existieren. Mein Inneres, meine Seele, muss woanders liegen – wie komme ich da nur hin? Gibt es überhaupt einen Weg nach innen? – Ich konnte es mir nicht vorstellen, aber ich ahnte, dass der Weg, auch wenn er noch nicht zu sehen war, etwas mit Liebe zu tun haben muss. Da Liebe ein Gefühl ist, musste der Weg nach innen etwas mit Gefühlen zu tun haben. Wenn ich abends im Bett lag, lief der Tag wie ein Film vor mir ab. Schaute ich dann genauer hin, fragte ich mich: Wo ist mir heute das *Stück Liebe* oder das *Stück Glück* begegnet? Meistens schlief ich dann ein, das war die einzige Antwort meines Ego. Ich war für mein Ego nicht besonders wichtig, es hatte mir nichts zu sagen. Mit Liebe hatte es wirklich nicht viel am Hut. Liebe nur mit den Gedanken „machen" zu wollen, ist also immer zum Scheitern verurteilt und erzeugt große, sogar sehr große seelische Schmerzen. Liebe und Glück sind auf der Gefühlsebene angesiedelt. Man erfährt sie und man spürt sie. Man erlebt sie auf der Handlungsebene. Liebe und Glück sind Umarmungen und Küsse, sind Putzen und Einkaufen, wenn man es bewusst tut und mit Gefühl füllt. Liebe und Glück sollten überhaupt alles sein, was man täglich zu tun hat, und zwar in *Ruhe*.

Ist dir schon einmal aufgefallen, wie es stattdessen abläuft? Du sitzt am Frühstückstisch, noch im Schlafzeug, und willst gemütlich deinen Morgenkaffee trinken und noch einmal tief durchatmen für den kommenden Tag. Dein Ego hat aber schon länger ausgeschlafen als du, hat auch schon gefrühstückt. Rate mal, wo es sich gerade befindet! Wusstest du, dass das Ego Auto fahren kann? Nein? Ich auch nicht. Dein Ego ist nämlich schon auf der Arbeit. Da staunst du: Dein Ego ist schon im Büro, während du noch im Schlafanzug dastehst! Es ruft vom Büro aus bei dir an und erzählt dir fleißig, was du heute alles machen musst. Ist es nicht perfekt, dein Ego?
Ich habe bei mir selbst festgestellt, dass es ganz egal ist, was ich gerade tue, ob ich renne, fliege, surfe oder faul auf dem Sofa liege, das Ego ist immer dabei und es ist nie allein, denn es bringt seinen enorm großen Freundeskreis immer mit: die Gedanken!
Mein Ego kannte mich nicht, es kannte nur seine Gedanken. Plötzlich waren jedoch nicht mehr die Gedanken seine Ansprechpartner, sondern ich selbst. Ich, mit meinem Fühlen und meinem Spüren, hatte mich dazwischengeschaltet, die alte Verbindung einfach gekappt. Ich möchte nicht wissen, welchen Schreck mein Ego bekam. Jahrelang hatte mein Ego nur meinen Gedanken Aufgaben erteilt und ganz unerwartet war dann ein anderer da: ich! Ohne Ankündigung.
Knallhart musste ich gegen mich selbst vorgehen, sonst wäre keine Änderung eingetreten. Egos diskutieren immer bis zum bitteren Ende, das weiß ich aus Erfahrung. Deshalb gab es für mich nur eine Alternative: sofort zu handeln! Und dann war ich

überrascht, denn mein Ego fragte ganz leise: Was willst du von mir? Ich kenne dich nicht, ich will dich auch nicht kennenlernen. Ich antwortete: Ich bin es. Ich streichle und umarme dich, du bist wichtig in meinem Leben. Ich wende mich sofort an dich, sobald ich dich brauche. Okay?
Ich freute mich sehr, dass ich genau die Worte gewählt hatte, die mein Ego verstand. Ich war platt, denn ich hatte gedacht, mein Ego würde meine Sprache überhaupt nicht kennen und sich weigern, diesen Vorschlag anzunehmen. Ich wusste, dass mein Ego wie ein Computer funktioniert, dessen überalterte Programme auf seiner Festplatte eingebrannt sind. Warum sollte es umlernen?
Nimm dir einmal die Zeit und schau in die Augen deines Ego, schau ganz tief hinein! Ich glaube, solch erschrockene Augen hast du in deinem ganzen Leben noch nicht gesehen. Es sind deine Ego-Augen. Es sind die Augen des inneren Widerstandes. Es sind die Augen der unentwegten Angst, die dich schon immer beherrscht hat. Es sind die Augen des Nicht-verstehen-Wollens, des Nicht-selbst-Leben-Wollens. So finster und trübe hast du dich bestimmt noch nie gesehen.
Bis jetzt hatte mein Ego ganz ruhig und entspannt zugehört, doch an dieser Stelle fing es an zu keifen: Wieso plötzlich du und nicht mehr ich? Hast du dir das genau überlegt? Ohne mich bist du nichts, ohne mich bist du niemand. Ohne mich bist du wertlos. Ohne mich weißt du gar nichts. Ohne mich bist du machtlos. Ohne mich bist du kraftlos. Ohne mich hat dein Leben keinen Sinn. Ohne mich bist du der Arsch in der letzten Reihe. – *Du brauchst mich unbedingt!* – Mach nicht den Fehler,

dich ins Verderben zu stürzen! Nie wieder kommst du aus dieser misslichen Lage heraus. Lass lieber alles, wie es ist, so ist es doch schön und dir geht es gut! Willst du unbedingt abstürzen? Ich helfe dir doch immer. Ich war doch immer für dich da. Wow, das waren Säcke, voll mit Worten der Angst, und diese hatte ich bis jetzt mit mir herumgetragen! Unglaublich, was ich mir da zugemutet hatte! Kein Wunder, jetzt wusste ich auch, woher meine tiefen Gesichtsfalten und die vielen grauen Haare kommen. Und welche Krankheiten schon auf mich lauerten, bliebe abzuwarten. Mein Ego würde mir noch tagelang damit in den Ohren liegen, wie wichtig es für mich wäre. An dieser Stelle erkannte ich, wie dumm mein Ego war, denn es wusste nicht einmal, dass *ich* die wichtigste Person in meinem Leben bin. Mein Ego versuchte mir einzureden, dass es außer ihm nichts wichtigeres auf der Welt gäbe. Lass ihm seinen Glauben!, sagte ich mir, du kommst sowieso nicht dagegen an. Ich versuchte, weiter nach meinem Gefühl zu handeln.
Mein Ego kannte kein gefühltes Tun. Es würde Mund und Augen aufreißen und unentwegt nach Hilfe schreien. Für mein Ego wäre das der größte Blödsinn, den es je gegeben hat. Lass dich nicht auf diesen Schwindel ein!, dachte ich und merkte sofort, wie es in meinem Kopf herumtrommelte und alle Gedanken durcheinanderwirbelte. Es würde Tag und Nacht keine Ruhe geben, so viel stand fest. Selbst ein Baby, das mehrere Nächte durchschreit, wäre gegen dieses Ego-Gejammer die reinste Erholung.
Ich will dir keine Angst machen, im Gegenteil: Ich will dich nur ermutigen und in deine Kraft bringen. Ich erzähle dir von

meiner Erfahrung, damit du siehst, wie es wirklich ist. Für den ersten Moment fühlte es sich nicht so gut an, denn Egos können manchmal genauso störrisch sein wie wir selbst. Sie wollen einfach nicht verstehen, was wir ihnen zu sagen haben. Weißt du auch, warum sie nichts verstehen wollen? Sie kennen uns nicht. Deshalb können sie uns nicht verstehen. Woher auch? Selbst wir wissen ja nicht einmal, wer wir sind und was wir für uns wollen.
Erinnere dich, wie es war, als du in die erste Klasse kamst und weder lesen noch schreiben konntest: Es dauerte kein Jahr, dann brachtest du es fertig. Es war reine Übungssache. Ganz so schwer wie das Lesenlernen ist das Lernen, mit dem Ego richtig umzugehen, allerdings nicht. Du brauchst weder etwas aufzuschreiben noch auswendig zu lernen. Merke dir einfach nur, wie das Ego funktioniert und was du zu ihm sagen musst.

> **Das Schöne und das Neue**
> **in jedem Tag zu sehen,**
> **bedeutet, glücklich zu sein.**

FIT IM KOPF

Im nächsten Frühjahr fuhr ich mit dem Zug, um einen Freund zu besuchen. Neben mir saß ein etwas ergrauter Mann, er schien mir um die sechzig Jahre alt zu sein. Er war emsig am Schreiben, ohne groß nachzudenken, fügte er Wort an Wort. Nachdem er ein umfangreiches Kreuzworträtsel perfekt gelöst hatte, widmete er sich einem Zahlenrätsel. Auch hier ging das Ausfüllen ohne größere Anstrengung. Seine Frau, die neben ihm saß, tat das Gleiche und nach ungefähr vierzig Minuten legten beide eine Pause ein. Beide atmeten tief durch, legten zufrieden ihre Schreibgeräte beiseite, um etwas zu essen. Auf dem Titelblatt der Rätselmagazine stand mit großen Buchstaben geschrieben: „Fit im Kopf bis ins hohe Alter". Ich wusste zwar nicht, wie lange dieses Ehepaar schon rätselte, jedenfalls hatte es ihnen offensichtlich keine Mühe bereitet, die passenden Begriffe und Zahlen einzusetzen. Ich dachte darüber nach, was die Medien anboten, um Menschen im Alter zu „begleiten": Stunde um Stunde Gedankenterror! Die Augen der beiden „Wissenden" waren zusammengekniffen gewesen und deren Stirn in Falten gelegt. Der Mund sah selbst jetzt – beim Essen – noch „verbissen" aus. Sie atmeten so schwer, als hätten sie hart gearbeitet. Nur langsam machte sich Entspannung in ihnen breit.

Welch eine Irreführung!, dachte ich. Gedankenruhe und Bewegung an frischer Luft wären nach meiner Meinung die bessere Alternative. Wenn der Mensch schon sein Leben lang gedanklich gefordert wurde, müsste doch irgendwann einmal Ruhe einkehren dürfen, oder nicht? Natürlich muss der Geist gefordert werden, aber nicht durch Noch-mehr-Denken.

Ich selbst war erst Ende vierzig und mein Kopf war schon so vollgestopft, dass in kürzeren Abständen mein Blutdruck anstieg. Die Skala zeigte dann weit über zweihundert an. Mein Kreislauf schloss sich dem an und galoppierte hinterher. Ich verbrachte regelmäßig zum Jahresende eine Woche im Krankenhaus, um mich wieder einigermaßen „einzukriegen". Die Ärzte rieten mir, am Tag öfter mal an die frische Luft zu gehen, um in meinen Kopf wieder Ruhe und Ordnung hineinzubringen. Ärzte hatten immer gut reden – und wer, bitte schön, sollte dann meine Arbeit erledigen? Wovon sollte ich leben, wenn ich nur spazieren ginge und die Wolken zählte?

Einige Jahre schien ich diesen Zustand durchgehalten zu haben, ich hatte ihn einfach ignoriert. Ich machte immer weiter im alten Trott, doch als mein Herz aus dem Rhythmus kam beim Schlagen, da wurden die Ärzte etwas genauer in ihrer Wortwahl. Ich bekam die Begriffe „Rollstuhl" und „Herzinfarkt" zu hören. Ab diesem Moment war ich nun doch genötigt, mir etwas genauer anzusehen, was ich mir da angetan hatte. Ich stellte mit Entsetzen fest, wie voll mein Kopf war. Voller ging es nicht mehr, die Gedanken lagen schon übereinandergestapelt. So fühlte es sich jedenfalls für mich an, wenn mich nach einem überlangen Arbeitstag Kopfschmerzen plagten. Ich nahm zwar mehrere Tabletten, diese ersetzen aber bei Weitem keinen Waldspaziergang. Ich musste das unbedingt ändern! Ich musste meinem Kopf regelmäßig eine Gedankenpause gönnen. Es musste sofort eine Lösung her für mein übersprudelndes, unkontrolliertes Reden. Ich machte täglich autogenes Training und praktizierte das bewusste Atmen. Ich verordnete mir selbst des Öfteren am Tag eine Pause zum *Luftholen.* Ich musste unbedingt Ruhe in mein Gehirn bringen, bevor es in meinem System noch zu einer mittelschweren Katastrophe käme. Wenn nicht ich mich darum kümmerte, wer dann?

Nach und nach bemerkte ich, dass es mir besser ging. Stress und Angstgefühle verschwanden mit der Zeit und mein Tag wurde langsam geordneter und freier von Hektik. Gut!, sagte ich mir. Das fühlt sich angenehm an. Ich warf immer mehr verdrehte Gedanken aus meinem Kopf, das meiste drehte sich ohnehin bloß um die Vergangenheit, die mich blockierte.

Stell dir ein erholsames Programm für deinen Alltag auf, geh mindestens für eine Stunde gedankenfrei in die Natur, um Luft zu holen! Zähle dabei deine Schritte oder die Atemzüge! In

Gedanken sagst du dabei fortwährend: „*Einatmen …, ausatmen …, einatmen …, ausatmen …*" Irgendwie musst du ja deine lästigen Gedanken beschäftigen. Ich selbst hatte mich für diese Atemtechnik entschieden, die bei mir auch sehr gut funktionierte. Meiner Meinung nach müssen auch Gedanken erst lernen, sich nach und nach zurückzuziehen. Dieser Einstieg in die innere Umprogrammierung kostet zwar äußerste Anstrengung und Disziplin, aber was tut man nicht alles für seinen Körper, damit er wieder mit normaler Drehzahl fährt und gelassen bleibt!
Je weniger Gedanken ich mir machte, um die Angst und die dazugehörigen Sorgen samt aller daraus entstehender Unzufriedenheit, desto mehr Platz blieb für Freude, Glück, Liebe und Zufriedenheit. Dadurch fühlte ich mich wiederum immer besser und wurde auch noch gesund dabei. Je weniger ich mir Gedanken machte, desto freier und effektiver konnte ich meinen Kopf benutzen. Fit im Kopf konnte ich also nur sein, wenn ich selbst in meinem Kopf Ordnung schaffte. Ich musste nur meine Gedanken sortieren, das hieß, sie aus der Vergangenheit in das Jetzt zu holen. Ich wusste plötzlich ganz sicher, dass mich kein anderer als dieser gedankenfreie Zustand glücklicher und entspannter machen konnte.
Ich stellte übrigens für mich auch fest, dass ich ohne Medienkonsum auf keinen Fall dümmer geworden war. Ich mochte fast behaupten: So fit im Kopf war ich vorher nie gewesen. Außerdem „aß" ich das Fernsehprogramm nun nicht mehr ständig mit, stattdessen genoss ich den Geschmack und den Duft der Nahrungsmittel. Meine Zunge hatte mir schließlich auch

etwas zu sagen. Ich hatte vorher nie so hingebungsvoll und in aller Ruhe gegessen. Ich hatte meine Sinnesorgane früher eigentlich gar nicht erlebt, doch nun nahm ich viel mehr wahr.

> **Gedanken sind nicht immer von Nutzen.**

FÜNF MINUTEN

Oh, mein Kopf, warum war er mir immer so schwer? Ich meine diese unaufhörlichen Kopfschmerzen, die sich gegen Abend jeden Tages einstellten. Zwanzig Jahre lang hatte ich noch rauf und runter denken können und plötzlich fiel es mir immer schwerer. Die Gehirnzellen brachten keine Leistung mehr, wie ich es gewohnt war. Vom vielen unentwegten Denken waren sie müde geworden oder scheinbar überlastet. Es war keine Beweglichkeit mehr da in meinem Denken. Fünf Tage in der Woche wurde es zum Abend hin schier unmöglich, meinen Kopf zu „ertragen". Der Arbeitstag wurde regelrecht belastend, in der Zeit von morgens bis abends fühlte sich alles schwer an. Es waren keine Kilo, nein, es mussten wohl zentnerweise Gedanken sein, die ich täglich von der Arbeit mit nach Hause nahm.
Warum fühlte sich mein Kopf am frühen Morgen anders an als am Abend? Die Größe blieb doch dieselbe und es legte ja

auch keiner etwas „hinein". An den Wochenenden ging es mir merklich besser, eine Ausnahme bildeten auch Feiertage und Feierlichkeiten, dabei fühlte ich mich am wohlsten. Dieser Umstand brachte mich auf die Idee, meinen Kopf einmal auf Ursache und Wirkung hin zu untersuchen, und ich war erstaunt, was ich allgemein über den Kopf herausfand.

Wenn ich meinen Kopf mit den Inhalten meiner vielen selbst gemachten Gedanken füllte, fing er an, sich zu wehren. Ließ ich ihn zusätzlich unter Stress setzen von anderen Menschen, dann gab er sich irgendwann „dumm", und das mit Recht, musste ich leider feststellen. Durch ständiges Wiederholen eingefahrener Gedankenmuster hatten sich automatisch Gewohnheitsmuster in meinem Körper gebildet, die mich selbst stressten. Diesen unguten Zustand hatte ich unbewusst über Jahre hinweg „gepflegt", also über einen längeren Zeitraum aufrechterhalten. Das Resultat davon war, dass ich regelrecht *süchtig* nach Stress geworden war, weil ich *mich* sonst nicht mehr wahrnahm. Meinem Körper gefiel diese Situation ganz und gar nicht. Er „alarmierte" meine Organe oder rief einen Notzustand aus. Streik! Die Organfunktionen liefen auf Hochtouren und das hatte natürlich Konsequenzen für mich. Ich musste häufiger zum Arzt gehen wegen meines Blutdrucks, meiner Kreislaufprobleme, Atemnot usw. Ich kam jeweils mit mehreren Packungen Tabletten zurück, die mich dann über längere Zeit wieder ins Gleichgewicht bringen sollten. Für die Symptome wurde gesorgt, doch die Ursachen blieben bestehen.

Fühlte ich nun in diese Situation hinein, schien mir dies aus damaliger Sicht die einzige Möglichkeit gewesen zu sein, überhaupt zu erfahren, dass ich lebte. Ich wusste aber nicht, wonach ich eigentlich suchte. Ich fühlte *mich selbst* einfach nicht mehr und deshalb setzte ich mich unter Stress. Es reichte mir irgendwann nicht mehr aus, nur meinen Kopf zu belasten, sondern bezog meinen ganzen Körper mit ein. Wenn schon Stress, dann Stress total! Also pur, wie man so schön sagt. Irgendwie war das also meine unbewusste Strategie gewesen, um mich selbst zu spüren. Auf diese Art zu leben, glich einem ganz normalen Suchtverhalten und die Droge hieß „Stress".

Ich war aber nicht allein mit meinen Stress-Erfahrungen, ich beobachtete Ähnliches auch bei meinen Kollegen und Nachbarn. Wenn ich beispielsweise im Garten arbeitete, blieb meine Nachbarin oftmals am Zaun stehen, um ein paar Worte mit mir zu wechseln. Besser gesagt, machte sie ihrem Frust Luft, denn ihr Mann war eine „Frustbeule" und sie litt sehr unter ihm.

Meine Nachbarin erzählte mir einmal Folgendes: „Mein Mann steht kurz vor der Rente, aber er wird betrieblich noch so gefordert, dass seine Überbelastung einen anderen Menschen aus ihm macht. Natürlich brachten all die Jahre seiner fleißigen Arbeit auch viel Erfahrung und Qualifikation mit sich, aber wenn er von der Arbeit nach Hause kommt, setzt er sich vor den Fernseher und schläft ein. Der Fernseher muss sogar eingeschaltet bleiben, damit er besser einschlafen kann. Mein Mann ist fix und alle, er hat sich kaputtspielen lassen in seiner Firma. Wie lange er das so durchstehen will, ich habe keine Ahnung. Wir sind keine dreißig mehr und unsere noch verbleibenden Lebensjahre wünschen wir uns schön, wir wollen ja nicht als pflegebedürftige Personen enden. So war unsere Ehe nicht gedacht. Wenn er aus seinem feierabendlichen Tiefschlaf erwacht ist und sich sozusagen nervlich etwas beruhigter fühlt, setzen wir beide uns normalerweise täglich auf unsere Fahrräder und drehen die übliche Runde. Gegen Radfahren ist nichts einzuwenden, es ist eine wunderbare Entspannung für Körper, Geist und Seele. Es gibt nichts Schöneres, als bei Sonnenschein gemütlich durch die Natur zu radeln. Ich freue mich immer, wenn wir abends noch etwas gemeinsam unternehmen. Doch danach bin ich immer fix und alle. Es macht mir keinen Spaß mehr, mit meinem Mann Rad zu fahren, denn es ist kein Radfahren mehr, sondern er hat ein Radrennen daraus gemacht. Er wird von Woche zu Woche immer schneller in seiner Fahrweise, er merkt es nicht einmal. Seine innere Anspannung ist so enorm, dass er es kaum erwarten kann, sich auf sein Rad zu setzen und wie ein Wilder loszustrampeln. Ich, mit meinen kurzen Beinen, habe jedes Mal zu tun, dass ich hinterherkomme. Die ersten zehn Kilometer sind immer eine Qual für mich, denn er macht jedes Mal ein Wettrennen daraus. Ich habe ihm schon mehrmals gesagt, dass ich nicht mehr mitfahre, wenn er seine Geschwindigkeit nicht drosselt. Oftmals ist er auch schon alleine gefahren. Das macht ihm aber keinen Spaß, sagt er. Dann fährt er nämlich ohne Anhalten seine Runde und ist hinterher noch mehr kaputt, sodass er sich selbst nicht mehr wohlfühlt. Was soll ich bloß tun? Das ist doch das Einzige, was wir noch gemeinsam täglich miteinander haben. Aber ich will nicht mehr wie eine Gejagte hinter ihm herfahren, nur weil er seinen Frust und Ärger

abbauen muss. Irgendwie habe ich gar keine Freude mehr an unserer Ehe."
Mir wurde in diesem Moment so einiges klar. Ich hatte mich schon oft gewundert, wenn ich die beiden beobachtete. Mein Nachbar versuchte auf seine Weise, irgendwie seinen Stress abzubauen, und das schien ihm nach zehn Kilometern auch zu gelingen. Aber er machte es auf eine Weise, die seinem Körper noch mehr schadete. Ich konnte es gut nachvollziehen, weil es mir ähnlich erging. Ich fühlte mich selbst inzwischen so unwohl, dass ich dringend etwas verändern musste, anderenfalls ich einen Gehirnschlag oder Herzinfarkt als Folge meiner stressigen Tätigkeit riskierte.
Was meinen Nachbarn betraf, hielt er den Druck, der sich im Laufe des Tages im Kopf aufbaute, offensichtlich am Abend nicht mehr aus. Also suchte er einen Gegenpol, der den Druck wieder abbaute. Er musste so schnell wie möglich „raus aus dem Kopf", aber es gab ja keinen Hahn am Kopf oder ein Ventil, das er aufdrehen konnte, um den Überdruck einfach abzulassen. Da er jeden Tag am Schreibtisch saß, fehlte ihm die Bewegung, und das spürte er. Er wusste auch, dass das Radfahren ihm guttat. Doch *wie* er es tat, brachte ihm nicht die Entspannung, die er sich gewünscht hatte. Er wollte mit Gewalt so schnell wie möglich die quälenden Belästigungen im Kopf „abschaffen", also leitete er durch das Radfahren die Stress-Druckwelle im Kopf einfach nach unten ab. Sein Körper versuchte dann, den angestauten Druck gleichmäßig zu verteilen. Jedes Organ bekam ein Stück davon ab und das hatte zur Folge, dass die bereits geschwächten Organe noch schwä-

cher wurden. Über kurz oder lang würde sein Körper Symptome zeigen, Allergien, Depression oder auch Hautkrebs, jedenfalls wenn er so weitermachte wie bisher. Diese Anzeichen würden ihm einen Hinweis geben und sagen: Hallo, du musst etwas an deiner Lebensweise verändern!

Wenn wir über Symptome hinweggehen, werden sie weiter angeheizt und der Körper „verbrennt" irgendwann. So entstehen daraus oftmals Brustkrebs, Demenz, Alzheimer, Schlaganfall, Herzinfarkt, Krebs allgemein. Nur wir selbst – und kein anderer! – bringen das zustande. Wir selbst verstümmeln unseren Körper. Das ständige Arbeiten mit dem Kopf und die vielen unruhigen Gedanken sind die Ursache eines selbst erzeugten Chaos – diese überfleißigen Gedanken, die uns zu einem angeblich schöneren Leben verhelfen wollen. Der belastende Gedankenstress vom Ego, den man sich in jungen Jahren antut, zeigt sich oft im Alter in Form von Krankheiten. Die Starre, die das Denken produziert, verhindert immer mehr die Flexibilität des Körpers, der doch eigentlich durch den Geist gelenkt werden sollte und nicht durch das Ego.

Im Grunde genommen blockierte mein Nachbar sich selbst, denn er verteilte den Kopf-Stress einfach in seinem Körper. Momentan mochte er zwar eine enorme mentale Erleichterung spüren, aber das war eine irreale Wahrnehmung. Er merkte zwar, dass der Kopf so langsam wieder frei wurde und sozusagen wieder Luft zwischen die „angeschwollenen" Gehirngänge kam. Aber es war ein Irrtum, wenn er glaubte, täglich zehn Kilometer aggressiv in die Pedale zu treten, würde ihn freier machen. Darin lag der vermeintliche Denkfehler, den ihm das Ego vorgegaukelt haben musste. Schließlich ließ er sich dabei ja kaum Luft zum Atmen und laugte seinen Körper aus. Frech und rücksichtslos wurde mein Nachbar von seinem eigenen Ego verarscht, ohne dass er es verstand. Sein Ego würde es wohl noch schaffen, dass ihm die Luft ausging. Musste er denn erst auf allen Vieren kriechen, bis er bemerkte, wie er sich selbst hopsnahm?

„Ja", sagte ich also zu meiner frustrierten Nachbarin, „das tut dein Mann so lange, bis er eines Tages vom Rad fällt, weil sein Herz schlappmacht. Jedenfalls, wenn er nicht vorher die Kurve kriegt. Das Herz ist nämlich das Organ, das den lieben langen Tag im Büro vor sich hindämmert, weil der Körper nicht bewegt wird. Plötzlich, wie von null auf hundert, wird er aus diesem Zustand geholt, ja, regelrecht herausgerissen, um beim Fahrradfahren eine Höchstleistung zu bringen. Ohne Vorwarnung! Diese plötzliche Bewegung ist eine enorme Anstrengung für jede Körperzelle, besonders für das Herz und den gesamten Kreislauf. Alles gerät aus seinem Gleichgewicht. Dein Mann will ja dadurch, dass er Sport treibt, etwas für seinen Körper tun. Das stimmt meiner Meinung nach aber nur bedingt. Der Körper ist nur die Hülle, er hat auch ein Innenleben, und das ist meines Erachtens viel ausschlaggebender. Der Körper kann täglich durchtrainiert sein bis in die kleinste Zelle, doch wenn die Seele krank ist, krankt irgendwann auch der Körper. Tatsächlich wäre ein Spaziergang an der frischen Luft, am besten im Wald, die richtigere Medizin."

Ich machte aber noch eine andere Erfahrung, nämlich, dass es mir sogar mehr innere Ruhe und inneren Frieden einbrachte, wenn ich mich täglich nur fünf Minuten bewusst mit meinen eigenen Gedanken beschäftigte. Das war zwar auch Kopfarbeit, diese tat aber nicht weh. Im Gegenteil, es linderte den Kopfschmerz und schenkte mir ein Verständnis, und das beruhigte meine verzweifelten, laut schreienden, angeschwollenen Nervenzellen. Darauf musste ich aber erst einmal kommen. Ich meinte, acht Stunden Gedankenarbeit täglich, das reichte doch wohl! Keine Minute länger! Aber gerade auf diese fünf Minuten kam es an.

Es klingt fast paradox, aber ich behaupte aus heutiger Sicht: Wenn man gesünder leben will, sollte man vierzig Minuten anstrengenden Davonradelns gegen fünf Minuten entspannenden Gedankentrainings austauschen. Nach wenigen Tagen schon wird der ganze Körper beruhigter und der Kopf beginnt zu heilen. Aber genau das will ja das Ego nicht, denn es wird dabei nicht gebraucht. Es gibt nichts Schlimmeres für das Ego, als nicht gebraucht zu werden. Wenn du also nach einem stressigen Arbeitstag einfach keine Lust und keine Kraft mehr hast, dir auch noch Gedanken über dich selbst zu machen, und deshalb lieber den Fernseher einschaltest, um zu entspannen, dann ist das zwar verständlich, aber auch ein großer Irrtum. Als ich selbst diesen Widerspruch in mir spürte, dachte ich: Merkst du jetzt gar nichts mehr, oder was!? Du wirst hier kleingehackt und obendrein noch mit mehreren Krankheiten verlinkt. Das Ego weiß es nicht besser, denn was der Körper fühlt, ist dem Ego egal. Der Körper hat zu funktionieren, koste es, was es wolle. Mehr braucht und will das Ego nicht, erst dann ist es wirklich richtig zufrieden.

Meine Faustregel lautete: Dort, wo Druck entsteht, dort musste er auch wieder abgebaut werden. Stress und Leidensdruck entstanden im Kopf und dort sollten sie auch wieder abgebaut werden. Das war die gesündeste Lösung.
Für mich stand fest: Meine Seele hat sich diesen Körper ausgesucht und ich werde ihn nicht wegwerfen wie eine abgebrannte Zigarette.

> **Das Schöne ist:**
> **Leben ist jetzt!**

WORTE UND LINSEN

„Werde bald gesund, Küsschen! – Ma und Pa." Diese SMS hatte sich verlaufen. Sie erreichte mein Handy eines Abends gegen neun und kam von meiner Schwester. Normalerweise sollte sie auf dem Handy ihrer Tochter erscheinen, aber diese SMS „wusste" scheinbar, dass das gerade *nicht* der richtige Text für meine Nichte gewesen wäre. Bloß gut, dass SMS neuerdings sogar denken können. Man sollte speziell für helfende Gedanken Handys entwickeln. Die Menschen würden schneller genesen oder erst gar nicht krank werden. Auf den genauen Wortlaut kommt es nämlich an für den Genesenden. Es gibt das Sprichwort: „Was du heute denkst und redest, das wirst du morgen leben." Und wenn man Wünsche versendet mit der Empfehlung, recht *bald* gesund zu werden, dann setzt man zuerst einmal eine ganze Menge Krankheit voraus – selbst wenn man es „lieb meint".

Zur Freude meiner Nichte blieb nun jedenfalls genug Zeit für meine Schwester, einen zielgerichteteren Text zur *schnelleren* Gesundung zu schreiben: „Der Frühling steht vor der Tür und die Sonne schickt dir ihre Wärme ins Herz. Viel Kraft und Liebe senden dir Mama und Papa." Für mein Empfinden ließen diese Worte der Krankheit meiner Nichte keine große Chance, sich erst mal breitzumachen, denn nun war die Liebe mit im Spiel. Das Wort „Liebe" bedeutet immer Glück und Zufriedenheit. Bekommt man es als guten Wunsch gesendet, ist die halbe Gesundheit schon in den Körper zurückgekehrt. Das Wort „bald" macht dagegen vom Gefühl her einem verlängerten Krankheitsverlauf Platz. Also aufgepasst! Was man jemandem wünscht, kann unmittelbarer eintreffen, als man denkt.

Das Paradoxe an Gedanken und Wünschen ist auch Folgendes: Was ich anderen wünsche, das wünsche ich auch mir selbst. Oft wundert man sich, wenn ein Tag „nach hinten losgeht", dabei hat man es selbst gedanklich auf den Plan gerufen. Gerade schien noch die Sonne, doch woher kommen plötzlich die dunklen Wolken? Worte und Gedanken haben mehr Macht, als man glaubt. Das beste Beispiel dafür sind die Kinder, vor allem Kleinkinder. Sie können zwar noch nicht reden, dafür aber gut fühlen – was übrigens die Eltern meistens nicht wahrhaben wollen. Diese kleinen Seelchen haben eine viel bessere Wahrnehmung als die Großen, sie sind noch offen für alles und haben sogar treffsichere „Ferngefühle". Das ist das Wunderbare an ihnen, jedoch sind sie dadurch auch für Schmerz empfindlicher.

Als meine Enkelkinder noch klein waren, zeigten sie mir oft den Schmerz, den sie fühlten – besonders, wenn sie sich der Umwelt anpassen sollten. Sie konnten noch kaum ein Wort sagen, aber ihre empfindsame Seele hatte sehr wohl verstanden, dass etwas oder jemand über ihre Grenze ging. Oder sie litten darunter, dass die Eltern stritten. Dann wollte ihr kleines liebevolles Herz natürlich „helfen". Sie brauchten glückliche und zufriedene Eltern, denn nur dann konnten sie sich wohl- und geborgen fühlen.

Unbewusst nehmen Kinder das Leid der Eltern *auf sich*, das schwächt wiederum ihr Immunsystem und mindert so ihre natürlichen Widerstandskräfte. Die Folge sind oftmals Krankheiten, die unter Umständen das kleine Persönchen in seinen ersten Lebensjahren ständig begleiten. Erst, wenn es sich innerlich etwas gefestigt hat, gewinnt es sozusagen mehr Abstand davon. Und machen wir uns nichts vor: Auch wenn Eltern zehnmal sagen, sie führten eine glückliche Beziehung und bei ihnen sei alles in Butter, zeigen die Kinder an, wie dick sie ihre Butter aufs Brot streichen.

Kinder kopieren vom ersten Tag an das Leben ihrer Eltern, um sich später im eigenen Leben zurechtzufinden. Sie nehmen ihre Eltern als Vorbild, denn diese stehen ihn am nächsten, weshalb sie glauben, es sei das Richtige, so zu leben wie sie. Worte sind dabei die Bausteine, aus denen Kinder sich später ihr Haus – ihr Leben – bauen. Es braucht unbedingt ein stabiles Fundament, um Lebenskrisen gut zu überstehen. Auch das, was Eltern tun und über andere denken und sagen, legt eine Grundlage für Kinder, die *alles* hören, selbst wenn sie im Nebenzimmer spielen. Was auch für mich schwer zu lernen war: Toleranz ist immer wichtig, den Lebenspartner zu respektieren und zu achten.

Eine Freundin erklärte mir einmal anhand zweier Teller, gefüllt mit süßsauren Linsen, wie unterschiedliches Denken entstehen kann. Ich hätte nie gedacht, dass es so einfach wäre, mein starres Denken in Verstehen umzuwandeln. Ich musste mir von meinem Gegenüber nur erklären lassen, wie er denkt. Woher sollte ich sonst wissen, welche Erfahrungen er in seinem Leben bisher gemacht hatte und wie das sein Denken geprägt hatte? – Jeder Mensch hat eine andere Lebensstruktur, ein anderes Elternhaus, andere Fähigkeiten und Talente. Das ist die Herausforderung, das ist das Interessante, das ist Kreativität. Das ist die Lust am Leben und das Schöne daran, einfach da zu sein.

Zurück zu den süßsauren Linsen: Angenommen, Lenny und Elsa sind befreundet. Jahrelang essen sie schon bei ihren Müttern süßsauer zubereitete Linsen. Lenny's Mutter bereitet die Linsen mehr sauer als süß zu, also lernt Lenny Linsen weniger süß kennen. Die Mutter von Elsa mag den Geschmack der Hülsenfrüchte lieber etwas süßer als sauer, deshalb lernt Elsa schon als Kind, dass Linsen weniger sauer schmecken. Die Kinder haben sich über Jahre an diesen Geschmack gewöhnt.

Es ergibt sich, dass Lenny Elsa zum Essen einlädt, denn er will ihr zeigen, wie gut er kochen kann. Oft schon hat er die Linsen

zusammen mit seiner Mutter abgeschmeckt. Da Elsa auch gerne Linsen isst, freut sie sich schon darauf. Als Lenny die Linsen aufgetragen hat und Elsa mit großem Hunger den ersten Löffel in den Mund schiebt, schüttelt sie sich kurz und fragt Lenny, ob es bei ihm keinen Zucker gäbe. Aber Lenny versteht nicht, was sie meint, denn ihm schmeckt es lecker.
Das ist dann der Ausgangspunkt für einen kräftigen und lautstarken Streit, den sogar die Nachbarn hören. Dabei sind beide Kinder im Recht. Linsen sind für sie lecker, aber nur so gekocht, wie sie es gewohnt sind. Ob süß oder sauer – es hat sich in ihnen so eingeprägt und festgemacht, dass ihnen Linsen nur nach der jeweiligen Art der Zubereitung schmecken. Ihre Geschmacksknospen auf der Zunge sind einfach unterschiedlich „programmiert".
Elsa und Lenny wissen, dass ihre Mütter gut kochen können. An einem Teller süßsaure Linsen soll ihre Freundschaft doch nicht in die Brüche gehen! Sie erzählen sich gegenseitig, wie Linsen gekocht werden, und so erfahren sie voneinander, was der jeweils andere unter „Linsen" wirklich versteht und dass er es *nicht anders kennt*. Sie verstehen die Meinung des anderen und so rührt beim nächsten Treffen jeder sein Süppchen so zusammen, wie es ihm am besten schmeckt.
Jeder Mensch ist richtig in seinem Tun und Denken. Jemanden verändern zu wollen, hieße ja, zu vergessen, dass er von Geburt an so, wie er ist, auch *richtig* ist. Die Familie, die Schule und später die Berufswelt versuchen trotzdem ständig, Menschen zu verändern oder anzupassen, das betrifft nicht nur Kinder. Aber es hängt doch von dir selbst ab, ob du das mit dir

„machen lässt" oder nicht. Diese knappe Antwort ist natürlich schneller geschrieben als gelebt. Du solltest vor allem Geduld mit dir selbst und anderen haben, das ist die größte Herausforderung. Du kannst lernen, für jedes „Gedankenwetter" die richtige „Wortbekleidung" zu finden.

> **Es können leise Worte sein.**
> **Es können liebe Worte sein.**
> **Auch eine Umarmung ist ein Wort der Güte.**

GEDANKEN-ZWERGE

In sieben Tagen hatte mein Enkelsohn Leon Geburtstag. Um halb acht abends rief ich ihn an, um ihn nach seinen Wünschen zu fragen. Leon saß noch über seinen Hausaufgaben. Seltsam, denn normalerweise erledigte er die immer gleich nach der Schule. Fünfte Klasse, Gymnasium, da gab es so viele Hausaufgaben in jedem Fach, dass er bis in den Abend rein zu tun hatte. Er hätte eigentlich nur den Sonntag frei, beschwerte er sich bei mir, am Sonnabend mache er schon die Hausaufgaben für die kommende Woche. Er stöhnte. Bei sieben Stunden täglich und sieben verschiedenen Fächern könnte ja jeder Lehrer Arbeiten schreiben lassen, wie er gerade wollte. Immer nur für den nächsten Tag zu lernen, daran verschwendete er gar keinen Gedanken.

Um Leon eine Gedankenpause zu gönnen, erzählte ich ihm eine Geschichte über Gedanken, die immer nur Krawall machen. „Stell dir vor, Leon", sagte ich, „in deinem Kopf, gleich

dicht unter deinen Haaren, da wohnen kleine Zwerge. Es sind keine gewöhnlichen Zwerge, keine wie aus dem Vorgarten des Nachbarn oder bei Schneewittchen. Es sind deine Gedanken-Zwerge. Hast du schon mal einen Gedanken-Zwerg gesehen?" Leon lachte. „Opa, willst du mich veralbern, Zwerge gibt es nur im Märchen. Opa, ich bin elf Jahre alt, meine Kindergartenzeit ist schon lange vorbei." „Richtig, Leon", sagte ich. „Gedanken-Zwerge haben nichts mit Kindergarten zu tun und man kann sie auch nicht sehen. Sogar Erwachsene haben damit ihre Probleme."
Ich erzählte ihm weiter, wenn diese Gedanken-Zwerge überhandnähmen im Kopf, würden daraus schnell Krankheiten werden. Um diese dann wieder zu heilen, bedürfte es großer Anstrengung und einer sehr langen, oft schmerzvollen Zeit. Um das Leben besser in den Griff zu bekommen, sollte man doch ab und zu mal auf seine Körpersignale achten, versuchte ich ihm klarzumachen. Diesen Zwergen könnte man nämlich zuhören, wenn sie sich unterhielten. „Ist dir das schon einmal aufgefallen?", fragte ich ihn. „Hast du schon einmal einen Gedanken-Zwerg reden hören?" Leon lachte nur. „Und wie soll das gehen? Wie soll der denn reden? Spricht der etwa Englisch?" Da musste ich auch lachen und erwiderte, dass ich das auch nicht so genau wüsste, aber eins wüsste ich genau: dass sie *sehr viel* redeten, und zwar ohne Pause, immer hintereinanderweg. „Und was reden sie die ganze Zeit, Opa?"
„Frage sie selbst, du kannst sie hören, wenn sie alle durcheinanderplappern." Ich glaubte, er hatte sie schon längst bemerkt in seinem Kopf. Ich erinnerte ihn daran, dass er

manchmal Kopfschmerzen hatte. Dieses Kopfweh käme vom vielen Denken und vom lauten Geplapper der Gedanken-Zwerge. Leon wollte wissen, wie das zusammenhing. „Alle Zwerge rennen wie wild durcheinander und jeder will die beste Idee haben", erklärte ich. „Jeder will schlauer als der andere sein. Da wird hin- und hergestritten, gerempelt, geschrien und geweint. Und wenn du die Zwerge einfach machen lässt, was sie wollen ..." Leon zuckte ratlos mit den Schultern. „Die machen doch schon immer, was sie wollen. Außer beim Lernen, da sage ich ihnen, was sie lernen müssen. Da übe ich und übe ich, bis ich es bringe. Üben da etwa die Gedanken-Zwerge auch mit?" Ich nickte. „Natürlich! Und wenn du morgens die Augen aufmachst, sind als Erstes deine Zwerge zur Stelle und sagen dir, was du tun sollst und was du nicht tun sollst."
Leon dachte, die Zwerge hätten was mit den Augen zu tun, denn die Augen würden ja immer sehen, was er gerade machte. Das, fand ich, war eine spannende Schlussfolgerung. Ich erklärte ihm, dass es aber weder die Augen wären, die sahen, noch die Ohren, die hörten. Es wären vielmehr die Gedanken, die ihm sagten, was gehört und was gesehen wurde. Das wäre nicht ganz einfach zu verstehen, aber der Mensch hätte es sich so eingerichtet. „Schließe deine Augen einmal und halte dir mit den Fingern beide Ohren zu", forderte ich ihn auf. „Nun warte ab und horche zu, was deine Gedanken dir sagen. Was machen sie, wenn sie nichts hören und nichts sehen können? Sei ganz still, fühle einmal in deinen Kopf hinein ..."
Leon probierte es. Plötzlich war Ruhe in seinem Kopf. „Als wäre gar keiner mehr da", sagte er. „Es fühlt sich an, als wenn

die Zwerge ausgegangen wären." Plötzlich fehlten den Gedanken-Zwergen die Worte. „Fühlt sich richtig gut an", sagte mein Enkel und grinste.

Woher sollten die Gedanken auch kommen, wenn keiner mehr da war, der ihnen etwas vorsagte oder ihnen etwas zeigte? Die Zwerge wurden erst aktiv, wenn Leon etwas vor sich hin träumte, an gestern oder an morgen dachte. Da freuten sie sich natürlich, weil sie wieder etwas zum Plappern hatten, dass es nur so krachte in seinem Kopf. Wahrscheinlich redeten sie besonders gerne über seine *Angst*, ließen ihn am liebsten an sich selbst zweifeln und hinterließen Schuldgefühle in meinem Enkel. Da war es doch völlig klar, dass Leon keine Kraft mehr zum Lernen hatte.

„Was sagt eure Klassenleiterin täglich, wenn sie euch begrüßt hat", fragte ich ihn. „Ich glaube, sie sagt: ‚Bitte alle setzen!'" Leon nickte. „Und dann schickt sie einen Schüler zur Leistungskontrolle an die Tafel, richtig?" Er nickte nochmals. „Genau so machst du es ab jetzt auch. Als Erstes sagst du: ‚Alle Gedanken-Zwerge hinsetzen!' Dann holst du einen oder besser zwei an die Tafel. Wenn zwei Zwerge an der Tafel stehen und die anderen alle den Mund halten, rennt keiner mehr hin und her, dann hast du Ruhe in deinem Kopf."

Ich riet Leon, sich währenddessen auf seinen „Lehrerstuhl" zu setzen und seine Hände auf den Bauch zu legen. „Du holst ganz tief Luft, viele Male hintereinander, immer und immer wieder, lässt dir ganz viel Zeit, damit deine beiden Zwerge an der Tafel langsam ungeduldig werden." Leon guckte mich skeptisch an, legte aber seine Hände auf den Bauch und war-

tete ab, was jetzt käme. Ich verriet ihm den Gedanken-Zwerge-Trick. Er bräuchte nur dem einen Zwerg zu sagen, er solle immer „ausatmen" denken, wenn er ausatmete. Der andere solle immer „einatmen" denken, wenn er einatmete. So hätten beide immer etwas zu tun und zu sagen, was ihm eine Hilfe wäre. Diesen Trick könnte er beispielsweise vor jeder Klassenarbeit anwenden. Dafür reichte schon eine Minute aus. „Verhalte dich einfach so", sagte ich geheimnisvoll, „als ob du überlegst. In Wirklichkeit konzentrierst du dich aber auf deine Gedanken-Zwerge, die abwechselnd sagen: ‚Einatmen', ‚Ausatmen', ‚Einatmen', ‚Ausatmen' Du wirst begeistert sein, was für gute Noten du schreiben wirst!"
Leon freute sich. So hatte er das noch gar nicht gesehen. Seine Gedanken-Zwerge konnten also auch sehr hilfreich sein. Er musste ihnen nur sagen, was sie machen sollten. Ich selbst hatte es ja bereits ständig in meinem eigenen Alltag ausprobiert, nachdem ich begriffen hatte, dass meine Gedanken mir mehr als nur im Weg gestanden hatten. Da es so gut funktioniert hatte, fand ich es ganz toll und es war von nun an mein kleines Geheimnis. Darauf war ich sehr stolz und ich gab es nun gerne weiter an den kleinen Kerl. Natürlich müsste Leon trotzdem weiterhin fleißig lernen, aber mit dieser Atemübung würde er seinen Kopf immer wieder freibekommen.

> **Denken ist ein Sport,**
> **der verhindert,**
> **dass man vorankommt.**

DER UNTERSCHIED

Einzig und allein der kleine Unterschied, den der Mensch in sich selbst machen kann, das kleine Stück Verschiedenheit, ist der wesentliche Faktor seines Seins. Er kann sich neu bestimmen, wenn er sein geprägtes Naturell erkennt und lebt.
War es nicht gerade dieser kleine Unterschied eines anderen, dieses Nicht-gleich-Sein, was das Willkommene in ihm für mich ausmachte? Was ich mir für ein Zusammenleben beispielsweise nur deshalb ausgesucht hatte, *weil* es so anders war? Vielleicht war es deshalb so vollkommen und so interessant, weil es mich etwas lernen ließ. Erst dieser kleine Unterschied, den es zu erkennen und zu lieben galt, ergab für mich den Teil meiner Partnerin, den sie zu unserer Ganzheit mitbrachte. Jedes Urteil, das ich über sie fällte, zeigte nur meine eigene Unkenntnis und meine eigene Unzufriedenheit an.

Meine Zufriedenheit und mein Glück erfuhr ich eigentlich nur durch mich selbst. Das, was ich mir selbst wert sein konnte, war, mich einfach zu lieben, mich bewusst zu erleben, um dadurch angenommen zu sein, ohne die immerwährende Angst, die mir mein Ego immerfort und in allen Dingen einflüstern wollte. Durch meine Lebenspartnerin hatte ich die Chance, als Wesen reflektiert und dargestellt zu werden. Erkannte ich ihre Schwächen, musste ich sie bei mir auch finden und bearbeiten.
Jede Person war richtig, so, wie sie war. Wenn es ein Problem mit einem anderen gab, musste ich die Lösung dafür auf meiner Seite finden. Ich musste Entscheidungen treffen, ich musste die Veränderung sein, schmerzhaft oder nicht. Nur das brachte mich vorwärts, nur das war mein Weg. Mich einfach in einem anderen Menschen zu vergessen, um nur durch ihn zu leben, war noch lange kein Miteinander. Ich hatte ja absichtlich diese Zweiheit gewählt, um die Einheit dadurch zu erfahren.
Im Grunde genommen gibt es auch gar keine Zweiheit, denn wir sind alle eins, aber meistens wollen wir es nicht wirklich wahrhaben. Wir wollen uns verschieden sehen, verschieden denken und sehen und fühlen. Und somit sind wir einer Illusion ausgeliefert, die wir uns selbst erschaffen haben. Wir sehen uns dadurch selbst nicht in der Wirklichkeit und auch den anderen nicht. Erst diese Verschiedenheit bietet uns die „Reibefläche" im Leben, an der wir wachsen können. Es sind die „ungereimten" Menschen, die in Wirklichkeit unsere „helfenden" Hände sind. Wir wissen es zwar, doch sehr oft vergessen wir es. Wir erkennen uns einfach nicht im anderen. Das ist der große Irrtum. Das ist das Paradoxe, was auf den ersten Blick

nicht gleich zu durchschauen ist. Erst das Denken bestimmt die Dinge für uns. Aber es verfügt über keinerlei Objektivität und es hat keinerlei Zusammengehörigkeitsempfinden. Es benimmt sich achtlos und entwertend, wenn wir vergessen nachzusinnen, wer wir in Wirklichkeit sind. Wüssten wir es, achteten wir andere auch mehr.

Mich selbst nicht zu erkennen, ließ mich den anderen immer vergessen, ich blendete ihn regelrecht aus. Ich wollte immer nur *mich* zeigen, aber in Wirklichkeit isolierte ich mich dadurch selbst, und das nicht nur in der Partnerschaft, sondern auch in viel größeren Zusammenhängen. Jedenfalls wurde mir das irgendwann ziemlich klar, und auch, dass ich als Mensch am Ende gar nicht erkannte, dass ich selbst die Gesellschaft war und dass ich mich selbst meiner sozialen Stellung berauben ließ. Ich war zu einem Teil einer „toten" Gesellschaft geworden und gehörte zu einer Masse leicht manipulierbarer Wesen, die nur funktionierten, um einen größtmöglichen Nutzen für wenige Leute zu erbringen.

Ich war zum perfekten Gebrauchsgegenstand der Gesellschaft geworden, obwohl ich sie selbst gewählt hatte und lebendiger Teil davon hätte sein können. Ich sollte selbstbestimmter Teil von ihr sein, stattdessen ließ ich mich leider viel zu lange von ihr verbrauchen und verheizen. Ich war, wie jeder andere, dem Martyrium „Profit" ausgesetzt, bis ich fast daran zugrunde gegangen wäre.

Unglücklicherweise erschaffen wir uns das selbst, weil wir nicht erkennen, was mit uns gemacht wird und was wir aber auch mit uns tun lassen. Würdest du beispielsweise deine eigene Lebensrichtung einschlagen und würde das auch sonst jeder tun, würde jeder zu sich selbst stehen und nicht das glauben, was ihm *andere sagen* oder was auf bedruckten Papierseiten steht, dann wäre jeder automatisch mehr er selbst. Würde jeder Mensch mehr ein Ich sein, hätte keiner die Chance, andere zu einem nützlichen automatisierten Wir umzufunktionieren. Es würde jeder einen Teil seines eigenen Lebens abbekommen, es würde jeder ein Stück seines eigenen Weges gehen können. Aber damals war mir das noch nicht klar gewesen: Ich hatte mich erst einmal im berauschenden Konsum verloren, sodass es sehr schwer wurde, wieder in die Normalität zurückzufinden, das hieß für mich, zu mir selbst. Die Gesellschaft *brauchte* mich, aber wofür? War ich brauchbarer, wenn ich voller Angst, gefühllos und gefügig funktionierte oder wenn ich einfach ich selbst war?

Ich dachte, der Mensch sollte Liebe *sein* und nicht Angst *haben*. War Liebe meine selbstbestimmte Lebensmitte, konnte ich damit sozusagen hundert Jahre alt werden. Als ich auf diese Erkenntnis stieß, wusste ich nicht, ob ich zuerst lachen oder doch lieber weinen sollte. Mit fünf Einkaufstüten, die mit minderwertigen Lebensmitteln gefüllt waren, hatte ich es über Jahre hinweg nicht einmal bis zur nächsten Straßenecke geschafft. Schon die Schwere der Beutel hatte meine Kräfte schwinden lassen. Oh, du kleines Menschlein, wache auf!, hätte ich fast sagen können, und iss endlich das, was dir schmeckt und nicht das, was dir schmecken soll!

Zum Glück war die Luft zum Atmen noch frei verfügbar. Je kräftiger ich jeden Tag durchatmete, desto mehr erfuhr ich von

mir selbst. Es gab nichts anderes und nichts Besseres als mich. Daran musste ich glauben und daran musste ich festhalten:
Ich bin!
Die Liebe, die ich in mir trug, galt es doch eigentlich zu erfahren. Ich stellte für mich fest, dass Liebe ein behüteter Weg ist, auf dem ich zu Freude und Erfahrung kommen konnte. Es war ein Weg, der sich zu gehen lohnte. Und was sollte ich anderes sagen als: Je bewusster ich mich erfahre, desto heller und schöner werden meine Tage! Und dabei wurde ich ja nicht jünger, die Zeit lief ja weiter. Aber ich hatte das Empfinden, mich vor dieser Erkenntnis nie so gut gefühlt zu haben.

> **Ich freue mich auf die nächsten Tage und Jahre und es wird mir immer besser gehen!**

OPTIMALE NAHRUNG

Was sollte ich essen? Das war die nächste große Frage. Was war das Richtige für meinen Körper? Wenn ich so auf die vergangenen Jahre zurückblickte, musste ich feststellen, dass das nie ein Thema für mich gewesen war.

Gut, ich war immer zufrieden mit meiner Größe (1,78 m) und meinem Gewicht (75 kg), aber was die Menge der zu trinkenden Flüssigkeit betraf – nach dem Stand der Dinge etwa 1,8 Liter am Tag –, war das für mich eine Herausforderung. Schon meine Mutter trank jeden Morgen, zum Nachmittag hin und abends nur eine kleine Tasse Tee. Das war nicht mehr als ein halber Liter, wenn überhaupt.

Jeder Körper besteht zu mehr als 90 % aus Flüssigkeit, und die muss ständig nachgefüllt werden, weil sie täglich über die Haut, die Atmung und die Nieren „verbraucht" wird, wusstest du das? Wasser wird täglich reichlich verarbeitet vom Körper, es ist überhaupt einer der wesentlichen Bausteine unseres Körpers. Würdest du das Wasser-Nachfüllen vernachlässigen, würden deine Organe darunter leiden und deren Funktionsbereitschaft und Qualität würde eingeschränkt. Die Haut ist das größte Ausscheidungsorgan, was der Mensch besitzt. Eine ausreichende Menge Wasser am Tag bestimmt sozusagen die Schönheit deines Körpers, damit hältst du die Zellen elastisch und gesund.
Ich trank damals täglich selbst aufbereitetes Wasser und füllte es in einen „Twister", eine Art „Strudler". Das Wasser erhält durch Bewegung eine Struktur, ähnlich der eines Quellwassers. Es schmeckte mir besser und war bekömmlicher für meinen Körper. Die Wassermoleküle erhalten durch die Strudelbewegung eine lebendige Struktur und werden dadurch besser vom Körper angenommen. Auf einem Foto sah ich einmal vergleichsweise die „gematschte" Struktur eines Wassermoleküls, das in einer Mikrowelle erhitzt worden war. Das muss ich meinem Körper nicht antun!, dachte ich sofort. Die Mikrowelle war nach den Fernsehgeräten das nächste elektrische Gerät, das ich aus meinem Haushalt verbannte.
Zu wenig Flüssigkeit – Wasser oder Tee – schadet deinem Körper. Er vertrocknet immer mehr, vor allem die Haut wird spröde und reißt sehr schnell ein. Im Gegensatz dazu schadet es aber auch, wenn du zu viel trinkst, denn dann muss deine Haut ständig Wasser abgeben und deshalb mehr arbeiten,

was sie natürlich überfordert. Nur durch eine tägliche optimale Flüssigkeitsaufnahme erreichst du innere und äußere Schönheit und eine unermessliche Zufriedenheit.
Wie sich diese Zufriedenheit im eigenen Lebensfluss anfühlte, wusste ich jedoch schon aus meinen ersten Erfahrungen mit dem Essen. Ich war zwar schon immer wählerisch gewesen, aber jetzt legte ich mir bei Feierlichkeiten nur noch das auf den Teller, worauf ich gerade Appetit hatte. Ohne groß nachzudenken oder darauf zu achten, was andere aßen. Die Speisen, die mich „anlachten" und bei denen ich ein „gutes Gefühl" hatte, aß ich einfach. Nach einiger Zeit stellte ich fest, dass mich mein Körper in einen Nahrungsbereich geführt hatte, der mir guttat. Intuitiv hatte ich mich einer besseren Nahrungsmittelqualität genähert.
Mit der Blutgruppe B aß ich zwar schon immer lieber pflanzliche als tierische Nahrung. Aber nun stellte ich fest, dass mich meine „Nase" schon seit längerer Zeit nur noch vegetarisch kochen ließ. Ich war glücklich, wieder ein Stück mehr Lebensenergie zu spüren.
Des Öfteren bereitete ich mir einen der Jahreszeit entsprechenden „Gemüse-Cocktail" zu. Ich dünstete beispielsweise rote Zwiebelringe in Palmenfett, gab dazu in Würfel geschnittene Paprika, Zucchini, Gurke oder Pilze. Nach dem Garen gab ich noch vorgekochte rote Kartoffeln hinein oder gekochten Reis oder gewürfeltes Dinkelbrot – fertig!
Verschiedene Kräuter aus meinem Garten, ein Schuss Leinöl oder sogar ein paar Blätter Chicorée variierten das Ganze und Ziegenkäse durfte natürlich nicht fehlen.

Täglich bereitete ich mir aus immer wieder anderen Zutaten, die ich mir auf Bio-Märkten oder von Bio-Höfen zusammenholte, ein schmackhaftes Essen. Ein bunter Mix Gemüse war für mich also immer ein Genuss. Das hielt auch die Belastung für meinen Magen in Grenzen, erleichterte die Verdauungsprozesse und hielt den Energieverbrauch niedrig. Ich fühlte mich nicht nur beim Kochen, sondern auch beim Essen und vor allem nach dem Essen sehr wohl und lebendig.
Mein Bruder sagte einmal bei einem Festessen zu mir: „Großer, aus dir kann ja nichts werden, wenn du nur Grünes frisst!" Aber ich wusste genau, was ich tat, denn nicht nur falsches Essverhalten ist oftmals Ursache von Krankheiten, auch die Gedanken, die man sich dazu macht, haben ihren Anteil daran. Man sieht sie zwar nicht, aber sie haben enormen Einfluss auf das körperliche Wohlbefinden. Mir jedenfalls hat es geholfen, nicht nur auf die körperliche Nahrung zu achten, auch die seelische Versorgung war wichtig. Der Erfolg gab mir recht: Es verschwanden viele Symptome und ich spürte plötzlich, dass es auch meiner Seele besser ging. Ich hatte bald keine Rückenschmerzen mehr, auch keine in der Schulter. Die beiden Kniegelenke fühlen sich wohler, der Blutdruck war wieder normal. Mein Zuckerspiegel war in Ordnung, die Hornhaut an den Ellenbogen löste sich ab, sogar Warzen, die ich an verschiedenen Stellen meines Körpers hatte, besonders im Gesicht, wurden plötzlich immer kleiner und verschwanden schließlich ganz. Ich sagte all meinen Tabletten: „Ade!"
Ich war begeistert von mir selbst! Ich hätte mich fast zu Boden knutschen mögen. Damit hatte ich nicht gerechnet! Vor allen

Dingen hatte ich meine eigenen Heilungskräfte unterschätzt: Diese Kraft ist gewaltiger, als ich angenommen hatte. Ich fing an, dankbar meine Seele zu streicheln, denn sie hatte mir den Weg der Liebe bereitet, und das war ein unglaublich schönes Gefühl.

> **Man muss sich selbst auch mal „Hallo!" sagen oder „Wie geht es dir?"**

IMMER NUR DAS JAMMERTAL?

Ältere Menschen saßen manchmal schon früh um fünf am offenen Fenster und schauten zu, wie andere Menschen zur Arbeit fuhren. Ob sie gerne mit dabei gewesen wären, um sich ihre geliebte Arbeitszeit wieder zurückzuholen? Ich wusste es nicht. Sie hatten ein Leben lang nur gearbeitet, und was war dabei herausgekommen? Sie fühlten sich verlassen und einsam oder wollten vielleicht sogar ganz verschwinden. Spätestens dann, wenn auch noch der Partner starb, wurde das Seelenloch so groß, dass sie vollständig hineinfielen und nie wieder herauskamen.

Warum muss es so weit kommen?, dachte ich manchmal. Wenn Menschen merkten, dass ihr Schaffen und ihr Tun nicht mehr die Schnelligkeit oder auch gar keine Bedeutung mehr hatten, wurden sie unzufrieden. Die fehlende Aufmerksamkeit und Anerkennung führte dazu, dass sie resignierten, denn ihr bisheriges Leben war darauf ausgerichtet gewesen, Leistungen zu erbringen, nur zu arbeiten und zu arbeiten, jeden Tag mehr und mehr zu schaffen. Ihr Ego ließ ihnen keine Ruhe, es trieb sie jeden Tag aufs Neue an. Dabei merkten sie nicht einmal, wie ziellos ihr Rennen oftmals war. „Man muss arbeiten, um leben zu können!" Diesen Satz wollte ich nicht infrage stellen. Ich wusste, dass jeder normalerweise arbeiten *musste*. Aber was niemand tun *musste,* war, sich selbst dabei zu vergessen.

Man musste nicht den ganzen Tag nur als „Uhr" ansehen und die Minuten oder Stunden nur als Arbeitszeit! Ich hatte lange dafür gebraucht, herauszufinden, was daran nicht stimmte. Jeder Tag, jede Sekunde war eigentlich *für* den Menschen gedacht. Jedes Tun-Müssen sollte zu einer Normalität werden. *So* müsste man alles sehen und sich selbst auch. Als ich dies zum ersten Mal erfuhr, war das ein unglaublich schönes Erlebnis. Mit Liebe und Mitgefühl den Tag zu verbringen, war für mich, als befände ich mich in einer anderen Welt. Ich probierte sofort aus, *dieses Gefühl* in jeden Tag zu integrieren.

Dieses Buch sagt nicht, dass Leben Arbeit ist, sondern zeigt dir bloß die Last, die du unbewusst trägst. Ich nannte es „Die Chance auf Liebe", damit dir klar wird, dass es noch etwas anderes gibt, etwas Größeres als Arbeit – dich selbst! Es gibt ja

glücklicherweise noch die endlosen Minuten *nach* der Arbeit und sogar *vor* der Arbeit, in denen du dich entscheiden kannst, etwas für dich zu tun. Du kannst wählen, was du an den Wochenenden oder in deinem Urlaub unternehmen willst.
Eine oft gewählte Möglichkeit der Freizeitgestaltung besteht aber leider für die meisten nur darin, Stunden um Stunden im jahrelang erprobten, eingesessenen und bequemen Sessel vor dem Fernseher zu verbringen. Dies ist dann aber auch schon das einzige Fortbewegungsmittel zwischen Raum und Zeit. Kennst du das? Fest steht: Wer diesen selbstverachtenden Zustand nicht erkennt und sich immer mehr in diesem gespielt schönen Dasein wiegt, gibt sein Leben aus den Händen. Ich würde sagen: Der hat sich aufgegeben. Du bist zwar noch da, isst und trinkst und schaust auch ab und zu mal aus dem Fenster, aber ansonsten sieht deine kleine und große Welt immer gleich viereckig aus. Schade!
Ich meine: Dafür oder deswegen bist du als Mensch doch nicht geboren worden, oder? Ich glaube, jeder Mensch ist auf die Erde geschickt worden, um sein Leben bewusst mit all seinen Sinnen, Empfindungen und ihm zur Verfügung stehenden Kräften zu *gestalten*, es erfüllt zu *erfahren*. Ab dem Zeitpunkt der Geburt ist jeder sich selbst überlassen. Man muss „das Beste aus seinem Leben machen". Als kleines Menschlein spürst du mehr als jeder Erwachsene. Du bist bereits handlungsfähig, selbst dein erstes Schreien ist keine gelangweilte oder überflüssige Äußerung. Vielmehr verkündet es, dass hier jetzt ein neuer Mensch erschienen ist, der etwas Neues, etwas Einzigartiges und etwas Empfindsames mit sich bringt – dei-

nen persönlichen inneren Reichtum, der nur dir alleine gehören soll, ein Leben lang.
Aber dieses kleine zarte Etwas erfährt meistens nicht die höchste Achtung, sondern wird von Anfang an an die äußeren Umstände angepasst. Der dabei entstehende seelische Schaden ist manchmal auch später nicht zu reparieren, nicht zu „entschädigen". Ob du es schaffst, dich im Leben zu verwirklichen, dich selbst zu verstehen und bewusst zu leben, hängt von vielen Faktoren ab. Im Alter zeigt sich dann jedoch, wie es wirklich gelaufen ist. Entweder sitzt du eben morgens um fünf am Fenster und fühlst dich nichts mehr wert, oder aber du überwindest die scheinbare Hoffnungslosigkeit und erkennst, dass die neue „gewonnene" Zeit erst richtig zu pulsieren beginnt und Freiräume schafft.
Es konnte sein, dass die Zeit eines Rentners ihm das wahre Leben brachte. Dieser Lebensabschnitt war beispielsweise für mich das Beste und das Schönste, was mir in meinem Leben noch zur Verfügung gestellt wurde. Und diese Zeit erlaubte ich mir auch zu nehmen, um wieder *bei mir* anzukommen. Ich meine, wieder so frei und so bedingungslos zu leben wie in der Zeit nach der Geburt. Ich musste mich nur *noch einmal* neu kennenlernen und verstehen lernen. Nicht mehr und nicht weniger. Quälende und bestimmende Ego-Manieren sind übrigens im Alter nicht mehr gefragt. Und wenn man sie trotzdem noch lebt, sieht es meist doof aus, als hätte man nichts dazugelernt in seinem Leben. Man muss irgendwann einmal einsehen, dass man das eigene Leben mit sich selbst „füllen" muss. Je eher, desto besser – das gilt für jeden Einzelnen.

Keiner sollte unzufrieden sein oder sich gelangweilt fühlen, wenn das Arbeitsleben abgeschlossen ist. Dann ist noch lange nicht alles vorbei, dann beginnt erst der Countdown. So hatte ich es jedenfalls empfunden, als ich plötzlich mehr Zeit hatte für mich. Ich glaubte es kaum, doch es ging eine fantastische Veränderung in mir vonstatten. Wow!, dachte ich mir, nur Fliegen ist schöner! Von da an wurde jeder Tag bewusster und heller, so glücklich hatte ich mich noch nie gefühlt in meinem ganzen bisherigen Leben.
Wenn man noch etwas wollte, wenn man wirklich noch für sich etwas Großes tun wollte, hatte man im Alter die Chance dazu. Wenn man erkannte, was das Leben einem noch zu bieten hatte, war diese Gelegenheit einmalig. Grandios! Entschied man sich für diesen erfüllenden Lebensabschnitt, müsste man nicht mehr früh am Fenster stehen und zusehen, wie andere freudlos zur Arbeit rasen, so, wie man es selbst auch einmal getan hatte. Man läge um diese Zeit noch ruhig und ganz entspannt und zufrieden träumend in seinem kuschligen Bett und würde sich auf den kommenden Tag freuen. So einfach war das. Ich musste mir damals selbst eingestehen, dass es kein einfaches Unterfangen war, dieses neue und andere Leben ohne jegliche Vorkenntnis anzugehen. Im Nachhinein konnte ich jedoch sagen: Der Zeitpunkt war perfekt gewesen. *Ich* war bis dahin nicht vorgekommen in meinem eigenen Leben. Ich musste mich regelrecht um eine Wiederherstellung meines Selbstgefühls bemühen. Aber die Anstrengung hatte sich gelohnt, es fühlte sich an wie ein (fast) neugeborenes Leben. Ich hatte es irgendwie schon einmal besessen, aber irgendwer

oder irgendwas hatte es mir weggenommen, besser gesagt, ich hatte es mir wegnehmen lassen, ohne es zu bemerken. Kinder freuen sich ja über jedes Geschenk, das man ihnen gibt, dachte ich bei mir. Als ich einmal dieses kleine niedlich verpackte Geschenk in den Händen gehalten hatte, war ich natürlich – als Säugling – noch nicht imstande gewesen, zu erkennen, was da drin war. Doch es war zu spät gewesen, denn man hatte mir ein Ego geschenkt! Ein kleines niedliches, süßes Ego! Wenn ich damals gewusst hätte, welche Erstarrung, Gefühllosigkeit und seelische Armut das bedeuten würde, hätte ich wahrscheinlich die Annahme verweigert. Nun musste ich täglich lernen, damit anders umzugehen. Es war für mich eine neue Herausforderung, die ich annahm. Dabei hat sich herausgestellt, dass es nichts Schöneres und nichts Erfüllenderes zu erleben gab in meinem Dasein, als mich neu zu entdecken.

Du bist genau richtig!

GEFÜHLE, BITTE VORTRETEN!

Ich sagte mir oft: Vergiss nicht, ab und zu einmal zu weinen! Ob es mitten in einem Film war, den ich sah und der mich sehr berührte, oder bei einer Begegnung, die mich besonders erfreute: Tränen waren meine „Herzenssprache", die sich unerwartet ausdrückte. Ich selbst wurde über meine eigene Gefühlsebene berührt. Über ein tiefes Gefühl der Freude erfuhr ich beispielsweise, wie nahe mir ein Mensch stand. Mein Körper drückte Empfindungen aus, wenn ich das Göttliche im anderen spürte. Ich nahm plötzlich eine Nähe und Verbundenheit wahr, die mir sehr tief unter die Haut ging. Ich hatte Gefühlsempfindungen, die mir vorher abhandengekommen waren. Ich machte eine Erfahrung mit meinem Körper, als wenn ich etwas Grandioses an ihm entdeckt hätte. Der andere löste eine Tiefenwirkung in mir aus, die alle bisherigen Erscheinungen überstieg. Aus dem Nichts heraus füllten sich wegen überschäumender innerer Glückseligkeit meine beiden Augen unerwartet mit Tränen. Diese tropften langsam und ganz leise auf meine Handflächen. Ich spürte ein inneres Mich-Öffnen und Frei-Werden. So also sieht göttliche Liebe aus!, sagte ich mir und betrachtete jede Träne mit Bewunderung und größter Leidenschaft.

Das war in der Zeit, als ich mit mir selbst in Kontakt gekommen war auf einer Ebene, die ich bis dahin noch nie so tief empfunden hatte. Das Verlangen meiner Seele drückte sich durch Tränen aus. Was ich da unter Tränen erfuhr, war wie ein „zweites Leben", welches ich mir selbst in diesem Moment schenkte. Tränen waren all die Jahre davor in mir sehr weit hinten angesiedelt gewesen, es *durfte* sie einfach nicht geben.

Das Wort „Freudentränen" bezeichnet wunderbar, was passiert, wenn Emotionen in dir freigesetzt werden und du dich zu spüren beginnst. Du kannst unbewusst dich und anderen zeigen, was du *wirklich* fühlst. Unterdrückte Emotionen sind *nicht* gelebte Gefühle. Oftmals sind sie die „Zeitbombe", die in einem tickt und die später irgendwann in Form einer Krankheit explodiert. Der Mensch ist aber so konzipiert, dass er Gefühle unbedingt leben sollte. Sie sind die Seelensprache der Verbundenheit. Sie anzunehmen, zu verstehen und auszudrücken, ist die Herausforderung, die das Leben an dich stellt. Es gibt nichts Schöneres und Erfüllteres, als täglich mehrmals in Gefühlen zu zerfließen. Sie gehören zu deinem inneren Reichtum. Sie erhalten dich gesund und am Leben, sie geben dir neue Kraft und Lebensfreude.

Jede unterdrückte Emotion im eigenen Körper war wie die Zeugung eines neuen Krankheitsherdes. Man wundert sich dann später nur, woher die Krankheit kommt. Unterdrückte man über längere Zeit immer und immer wieder dieselben

Empfindungen, sperrte man sich am Ende selbst aus. Vor allem negative Emotionen, wie Wut, Ärger, Hass, Mangel an Selbstliebe oder auch Unzufriedenheit, gehörten zu den häufigsten Ursachen für Symptome. Zuerst wäre es die schlechte Laune oder der Groll, aber später könnte das zu einer Depression werden. Dann war es nicht mehr weit hin bis zu körperlichen Symptomen, wie Allergien, Demenz, Krebs, Alzheimer. Tabletten konnten Krankheiten heilen oder auch nicht – ich musste schlussendlich die Verantwortung für meine Empfindungen übernehmen, wenn ich gar nicht erst krank oder teilweise eben auch wieder gesund werden wollte. Ich musste beispielsweise meine innere Zerrissenheit fragen, was sie „von mir wolle" und dann die Antwort abwarten. Kein anderer konnte mir eine Lösung sagen oder vorschlagen. Kein anderer war verantwortlich für mein Innenleben. Ich selbst musste mir über meine „schiefen" und unzufriedenen Gedanken und Gefühle Klarheit verschaffen.
Unbewusst passierte es immer wieder, dass ich mich aus meinen Gedankenzwängen zu befreien versuchte, indem ich anderen die Schuld für etwas gab oder unzufrieden mit ihnen war. Ich merkte dadurch oft nicht, wie sehr andere darunter litten. Ich drängte sie förmlich in meine missliche Gefühlslage hinein. Nichts springt ja im eigenen Körper so schnell an wie die eigenen Ängste. Es ist dann meist das eigene Unvermögen, genau das zu erkennen und sich darum zu kümmern. Mit der Behauptung „Das bin doch nicht ich, das sind die anderen!" ist eigentlich schon alles gesagt. Schuldzuweisungen hätten mich eigentlich sofort mein Problem erkennen lassen

müssen. Aber das war meistens ein sehr großer Irrtum: Wenn andere auch litten, ging es mir scheinbar „besser" – falsch gedacht! Das Leiden eines anderen, den ich verurteilte, verstärkte, verdoppelte insgeheim meinen Leidensdruck.
Es war also wichtig, meine Situation im anderen zu erkennen und mir meine eigenen Emotionen bewusst zu machen, um mich dann um mein inneres Gleichgewicht zu kümmern. Wenn ich es schaffte, meine innere Waage wieder einigermaßen in Balance zu bringen, würde die andere Person von ganzem Herzen dankbar sein dafür, denn das würde sie entlasten von meinem Schuldspruch gegen sie.
Egal, was ein anderer tat oder nicht: Er hatte zwar ein Ungleichgewicht in mir ausgelöst, aber er war nicht schuld daran. Alte Gedankenmuster wurden dann wieder ausgegraben, die immer wieder in mir Verdruss erzeugten. Dies musste ich bloß erkennen, dann konnte ich es auch auflösen und gedanklich „wegschicken". Wenn meine inneren Blockaden gelöst wurden, besser gesagt, *er*löst wurden, brachte das augenblicklich eine innere Befreiung mit sich und ein sofortiges Ende meiner inneren Qualen.
Weinen, Weinen und nochmals Weinen war dabei angesagt! Weinen war mein innerer Befreier von Druck, Qualen und Missstimmungen. Weinen war im Grunde das innerliche Verstehen, das Sich-mit-mir-Aussöhnen. Es trug auch dazu bei, mich zu entspannen nach einem angespannten Tag. Weinen konnte so hilfreich sein, dass ich wieder in mein eigenes Fühlen kam. Weinen war wie ein Saubermachen, bei dem der angestaute Frust rausgefegt wurde.

Ich lud mir Hörbücher auf meinen I-Pod, um etwas über den Buddhismus zu erfahren – über die jahrtausendealte Lehre von Buddha. Ich wusste nicht, was mich erwartete. Ich hatte von anderen erfahren, dass diese Lehre nützliche Schritte beschrieb auf dem Weg der Selbsterkenntnis. Schon beim Hören der ersten Worte erfuhr ich in mir eine Tiefe und eine Achtung vor mir selbst. Es ging um nicht mehr und nicht weniger als Präsenz! Ungewollt wurden wieder neue Gefühle in mir geweckt. Jetzt zeigten sich noch öfter Tränen in meinen Augen! Sie drückten noch unkontrollierter und freier mein Empfinden aus. Jeder der gesprochenen Texte war einem bestimmten Thema zugeordnet, beispielsweise waren es Erklärungen über Wut, Liebe, Trauer, Einsamkeit, Tod oder Angst. Dadurch wurden die Gefühlsebenen in mir differenzierter angesprochen und es kam ungewollt zu starken emotionalen „Ausbrüchen". Einmal saß ich beim Hören gerade in einem Zug und schaute aus dem Fenster, als plötzlich unaufhörlich Tränen über meine Wangen liefen, ganz ohne mein Zutun. Der Text hatte etwas in mir berührt. Irgendetwas war plötzlich in Bewegung geraten in mir. Die Worte bewirkten ein Loslassen, im weiteren Sinne eine Heilung auf subtile Art.

Stück für Stück führte ich mich mit der Zeit selbst wieder zurück zu meinen Emotionen. Es handelte es sich um „verdeckte" oder verkrampfte Gefühle, die irgendwann aus meiner Wahrnehmung verschwunden waren, weil ich sie unbedingt hatte „loswerden" wollen. Andere waren einfach schier unzugänglich geworden, weil ich sie lange genug ignoriert hatte – warum auch immer. Ich nahm an, dass ich bis dahin einfach zu feige gewesen war, sie zu zeigen. Ich hatte sie deshalb gleich vor mir selbst so gut versteckt, ja, weggesperrt, dass ich mit der Zeit ganz vergessen haben musste, dass sie jemals dagewesen waren.

Ein Mensch ohne Zugang zu seinen Gefühlen spürt sich nicht, ist wie tot, nicht existent. Ohne jede Empfindung bist du innerlich starr und steif und unbeweglich, dir selbst und auch anderen gegenüber. Du verlierst sozusagen dein eigenes Wesen aus den Augen. Deshalb sind Mitgefühl und Anteilnahme ganz wichtig. Empfindungen halten deine Seele am Leben, sie zeigen dir dein tatsächliches Befinden und deine wahren Bedürfnisse an. Gelebte Empfindungen sind die Wegweiser zu deinem eigenen Innenraum. Ohne sie wüsstest du gar nicht, wo es langgeht.

> **Die eigenen Empfindungen wahrzunehmen,**
> **bringt Licht und Freude ins Leben.**

DER KLOSS IM HALS

Über Jahre schon hatte ich gespürt, dass sich in meinem Hals irgendetwas entwickelte, das sich wie ein „Unwohlsein" festsetzte. Ich wusste bisher nicht, was es war, wo es herkam und warum gerade im Hals. Man sah nichts, man konnte nichts Geschwollenes ertasten, und trotzdem wurde es in meinem Hals immer enger – vom Gefühl her. Ständig war der Hals verschleimt, ich musste viel hüsteln und krächzte. Husten war an der Tagesordnung. Ganzjährig lief ich mit einem dünnen Schal um den Hals und versuchte, dieses ungewollte Leiden etwas zu „korrigieren". Der Schal fühlte sich sehr angenehm und warm an und er schien auch die ganze Sache gedanklich etwas zu mildern. Dieser Kloß, der mich unaufhörlich und immer wieder räuspern ließ, wollte mir aber nicht „sagen", was los war. Ich sah keine Möglichkeit, dieses scheinbare Enger-Werden in meinem Hals zu stoppen. Es hatte ursprünglich einmal damit begonnen, dass sich das Schlucken beim Essen sehr schwer anfühlte. Später war auch das unbeschwerte freie Luftholen eingeschränkt. Fünfzig Jahre lang war ich bis dahin beschwerdefrei beim Atmen gewesen, ich hatte auch nie eine Zigarette in meinem ganzen Leben geraucht. Was hatte sich da bloß in mir unbewusst aufgebaut und angesammelt, dass ich manchmal das Gefühl hatte, zu ersticken? Womit hatte ich über Jahre hinweg meine Seele belastet, ohne zu merken, was ich da tat? Ich begab mich also auf die Suche, um die Ursachen zu finden und um zu klären, „wo" meine Seele Schmerz empfand.

Wenn ich meine erwachsenen Kinder beobachtete, wie sie ihr Leben gestalteten in ihren Familien, brauchten sie sehr viel Kraft für sich selbst. Als junger Mensch sich selbst bewusst wahrzunehmen, bei dem Überangebot der manipulierenden Medien, das war schon eine enorme Anforderung, der man gewachsen sein musste. Zu erkennen, wer man selbst ist und wer die anderen sind, war eine große Aufgabe. Immerhin nahmen die Medien vielfältig und sehr gezielt Einfluss auf das Leben aller Menschen. Mit allen Mitteln versuchte der Markt, den Käufer regelrecht zu dirigieren und zu manipulieren. Man verlor sich schnell im Getümmel der Massenbeschallung und hatte meist keinen Überblick über sein eigenes Fühlen. Man funktionierte irgendwann nur noch als Marionette und dachte sogar, das wäre das echte Leben.

Da stellte sich mir die Frage, ob die Gesellschaft meinen Kindern Nähe und Liebe abgewöhnen wollte, sie „unbrauchbar" für einen authentischeren Weg, ihren eigenen Weg machen würde. Meine Kinder waren all dem doch genauso ausgeliefert wie jeder andere. Dies war für mich eine große und auch schwierige Frage, doch wenn ich erfahren wollte, worin der wahre Sinn des Lebens bestand, musste ich eine Antwort finden. Ich hatte mich bisher ja selbst nur von Verblendungen lenken und von einer vorgegaukelten, ersonnenen, unrealen Welt ins Abseits spielen lassen.

Rette sich, wer kann!, dachte ich. Das Leben sieht in Wirklichkeit doch ganz anders aus! Es ist nicht der unentwegte Fingerdruck auf die Controller der Spiel-Konsolen oder auf das Handy-Display. Es findet nicht im verdunkelten Zimmer statt, sondern dem freien und ungezwungenen Leben begegnet man nur in der Natur. Jeder Spaziergang an frischer Luft, jedes Umarmen eines Baumes, darin nimmt man sich wahr und nur so ist man frei. Das, was frei ist von Gedanken, entspringt und entspricht der Wirklichkeit.
Sich wieder zu entdecken und zu finden in einer erkrankten und materiell verblendeten Gesellschaft, war also kein so leichtes Unterfangen. Mir schien, dass der Mensch mit der Zeit manipulierbarer geworden war. Aber mir schien auch, dass das nur bis zu einem gewissen Grad stimmte. Wenn die Grenzen des Nichtfühlens überschritten waren, würde er endlich die Augen aufmachen. Ich dachte, wenn die Menschen *zu lange* missbraucht würden, würden sie irgendwann von selbst ihr Fehlverhalten erkennen. Es würde dann eine Gegeninitiative eingeleitet, sie würden es ganz einfach und schmerzlos machen. Alle würden plötzlich stehen bleiben, auf der Stelle kehrtmachen und in die entgegengesetzte Richtung weitergehen, sozusagen auf sich selbst zugehen und dort finden, was sie verloren hatten. Was man ihnen „weggenommen" hatte, würden sie plötzlich wiederfinden.
Ich versichere dir: Kein Krieg, kein Streit und auch kein falsches Wort wird über die Sachlage entscheiden, denn es wird das Bewusstsein sein, welches sich wandelt. Endlich wird es so weit sein, dass die Situation sich genug zugespitzt hat. Das Un-

glaubliche wird dann von ganz allein geschehen. Niemand braucht Konsum, Medien am allerwenigsten. Dein Bewusstsein kannst du selbst wach machen und entwickeln. Glaube mir: Du wirst in dir selbst alles finden, was du wirklich brauchst! Diese Überlegung war ein sehr großer Erkenntnisschritt für mich, der sich damals in mir vollzog. Ich las keine Zeitungen mehr, hörte kein Radio und sah auch nicht mehr fern. In kürzester Zeit veränderte sich mein ganzes Wesen. Meine Gedanken wurden klarer und ruhiger. Mir fiel es im Alltag leichter, Entscheidungen zu treffen. Viele Dinge waren besser zu verstehen, denn ich hatte einen anderen Blickwinkel bekommen. Ich schlief nachts ruhiger und länger als sonst, oftmals sogar ohne Unterbrechung bis zum Morgen. Meine Verdauung veränderte sich, es geschah jetzt alles anstrengungsloser und fast von alleine. Mein Essverhalten veränderte sich noch weiter, denn ich aß nur noch leichte und gut verdauliche Kost. Mein Gemütszustand wurde sonniger und ich hatte mehr Freude bei meiner täglichen Arbeit. Ich bekam wieder Luft! Ich konnte wieder durchatmen, von Tag zu Tag immer besser. Von Woche zu Woche fühlte ich mich besser. Für mich war es manchmal kaum zu glauben, dass ich, je älter ich wurde, mein Leben angenehmer empfand und lebensfroher war.

> **Ich kann die Tage kaum erwarten,**
> **die noch vor mir erblühen.**

EINFACH NICHT HINHÖREN!

Was meine Gedanken mir den ganzen Tag lang flüsterten, laut vorsagten, manchmal sogar schrien, machte mir oftmals zu schaffen. Ich war ihnen einfach ausgeliefert. Gnadenlos fielen sie über mich her und bestimmten über mich, sodass niemand anderes in mir noch zu Wort kam. Diese Versammlungen wurden ohne mich abgehalten. Es wurde ohne meine eigene Meinung abgestimmt, einfach so über mich hinweg entschieden. Gefiel mir das? Ließ ich das so einfach mit mir machen? Wie alt war ich eigentlich? Wurde es nicht langsam Zeit, meine *eigene* Stimme zu erheben? Werde endlich wach, raus aus deinen Träumen!, sagte ich mir. Deine Gedanken sind nicht alles, was du hast und was du besitzt! Deine Gedanken sind ein verschwindend geringer Teil dessen, was du wirklich bist!

Erst, als ich bemerkte und erkannte, dass ein winzig kleines Männlein in meinem Kopf alle meine Gedanken bestimmte, mit nichts zufrieden war, nie Ruhe gab, versuchte ich einen anderen Weg einzuschlagen. Ich dachte, ob es in mir nicht noch jemanden gab, der „mehr ich selbst" war, der mich nicht kommandierte, der mich gern hatte und sagte, dass mit mir absolut alles in Ordnung wäre. Ich erinnerte mich an mein *Bauchgefühl,* das mir immer die Wahrheit sagte und mich zum richtigen Handeln führte. Da saß natürlich kein echtes Männlein drin, in meinem Bauch. Aber es befand sich dort die Zentrale meiner Gefühle. Und diese Gefühlswelt war vernetzt mit meinem ganzen Körper, verbunden mit jeder einzelnen Körperzelle. Zum ersten Mal fühlte ich deutlich, dass mein Bauch sozusagen ich selbst – höchstpersönlich – war. Das war eine tolle Begegnung mit mir selbst! Ich spürte sofort ein Vertrauen.

Das war mir bis dahin noch nie aufgefallen: Mein Bauchgefühl und ich, wir waren einer Meinung. Ich freute mich, denn ich spürte, dass es da noch ein anderes leiseres Denken in mir gab. Je öfter ich hineinfühlte, desto weniger Angst hatte ich vor meinen Gedanken im Kopf. Und auch die Zweifel waren bald wie weggeblasen. Es fühlte sich plötzlich vieles, auch in meinem Körper, ganz anders an. Ich wusste zwar nicht genau, ob das, was mein Bauch mir „sagte", als Denken zu bezeichnen war, aber es geschah alles einfach so, ohne Anstrengung. Was hatte ich bloß bisher getan? Warum hatte ich all die Jahre diese kleine, leise innere Stimme nicht gehört, hören wollen? Warum waren meine Kopfgedanken stattdessen so stark und dominant geworden? Weil es bequemer und einfacher für

mich gewesen war? Wahrscheinlich war ich davon ausgegangen, dass es leichter wäre, wenn der Kopf alles für mich machte, schließlich hatten mir meine Gedanken und mein Ego ja tatsächlich „die Arbeit abgenommen". Zumindest musste ich wohl immer so „gedacht" gaben, als wäre alles so okay.
Was sollte ich noch dazu sagen? Meine Bauchstimme hatte am Ende recht. Es war wichtig, endlich einen inneren Monolog zu führen, einfach mal mir selbst die *eigene* Meinung zu sagen, ohne mein Ego.
Von nun an bildete sich eine ganz andere Wahrnehmung in mir aus. Es war ein feineres Empfinden, ohne viel zu denken. Ich musste lernen, alles ohne gedanklichen Widerstand zu sehen, so, wie es war. Manchmal fühlte es sich an wie ein zartes Streicheln, manchmal war es aber auch schwierig, beispielsweise, wenn ich bemerkte, dass etwas nicht „stimmig" war oder sich etwas verabschiedete. Dann brauchte ich nur den Weg frei zu machen und der Rest geschah einfach. Das war ganz neu für mich, etwas geschehen zu lassen, etwas nicht zu beeinflussen.
Ich konnte mich nicht daran erinnern, dass es vorher schon einmal so gewesen war. Irgendein Querdenker war bisher immer mit am Werk gewesen, mein Ego, das immer lauthals seine Wahrheiten verkündete. Ich musste also noch herausfinden, wie ich das Ego ausblenden konnte, damit es mir nicht ständig in alles reinredete. Ich beschloss, das Ego einfach zu ignorieren, einfach nicht hinzuhören, wenn es rumdachte. Ich sagte jedes Mal innerlich, wenn es sich einmischen wollte: Das wusste ich schon, werde es aber nicht so tun! Ich ließ einfach das gesche-

hen, was gerade passierte. Ich war gespannt, wie es funktionieren würde. Und wie es funktionierte! Hurra! Vor lauter mantrischem Wiederholen der gleichen Worte – Wusste ich schon! Wusste ich schon! Wusste ich schon! – versiegte der Ego-Gedankenzwang. Ich hatte endlich freien Handlungsspielraum.
Ich spürte in mir, dass diese neue Richtung das war, was ich schon immer gewollt hatte. Es faszinierte mich, denn so hatte ich mich noch nie zuvor erlebt. Ich war begeistert von mir selbst. Mit der Zeit fand ich heraus, dass meine Gedanken und mein Ego mir vorher nie eine Chance gelassen hatten, andere Dinge zu tun als die, die sie mir vorgesagt hatten. Meine Ängste und Zweifel waren Produkte meiner Ego-Gedanken gewesen, die mich immer davon abgehalten hatten, meinem Bauchgefühl zu begegnen. Alles war vom Ego perfekt inszeniert gewesen, glaubhafter hätte es nicht sein können. Bis dahin, stellte ich fest, war mein Leben nur ein Kampf gewesen, durch und durch. Es hatte sich zwar unbequem angefühlt, aber ich hatte geglaubt, das gehöre mit dazu. Ohne diese Erfahrungen hätte ich jedoch auch nicht verstehen können, was es hieß, selbst zu fühlen, niemanden mehr fragen zu müssen. Ich war frei.

> **Ich bin die Frage und die Antwort.**
> **Alles, was in mir geschieht, ist richtig.**

WIE EIN HARLEKIN

Das Gesicht des Harlekins ist in Schminke getaucht und lacht, es gaukelt mir eine scheinbare Märchenwelt vor, die es in Wirklichkeit gar nicht gibt, hatte ich immer gedacht – jedenfalls nicht, solange man täglich überhöhte Anforderungen vom Leben vorgesetzt bekommt. Schade eigentlich, fand ich. Warum konnte mein Leben denn nicht auch so leicht und fröhlich sein, wie das eines Harlekins? Warum musste jeder Tag immer so verplant und so kompliziert sein? Warum begegnete ich einem Tag, der immerhin vierundzwanzig Stunden hatte, nicht bewusster?

Einmal schloss ich meine Augen, spürte in mich hinein und stellte mir vor, was ich alles bräuchte, um mich gut zu fühlen. Ich spürte ein ganz leichtes Schaukeln im Körper und vor meinen inneren Augen lief ein Film ab, der mir für einige Minuten größte Zufriedenheit bescherte. Ich sah einen sonnigen Morgen, ein leichtes und fruchtiges Frühstück stand auf dem Tisch meiner begrünten Terrasse. Ich stand auf und begann den Tag mit einer leichten Morgengymnastik. Ich hatte ein gutes Gefühl in mir.

Um diese „Vision" in die Tat umzusetzen, legte ich mir ein Trampolin zu. Es hatte einen Metallrahmen mit einem Durchmesser von etwa einem Meter. Ringsum waren Gummischlaufen angeordnet, die ein blaues Gewebe aufgespannt hielten. Natürlich hätte ich mit ganzem Körpereinsatz beim Springen sogar die Zimmerdecke berühren können, aber das war nicht der Sinn und Zweck. Es reichte ein leichtes Gehen, dazu bewegte ich die Arme. Ich legte eine CD ein und hörte dabei Musik, deren Takte meine Bewegungen unterstützten, so kam ich besser in Schwung. Jeder Tag hatte ein anderes Gehen. Es machte mir Freude, dabei aus dem Fenster zu schauen und die grünen Blätter an den Bäumen auf der gegenüberliegenden Straßenseite zu sehen. Jeder Tag fühlte sich von innen heraus anders an, mal heller, mal leichter.

Ich gewöhnte mir auch an, nach dem Frühstück hinter mich ins Bücherregal zu greifen, um ein paar Seiten zu lesen. Das wurde mir bald zu einem echten Bedürfnis. Solche Tage, die mit dieser Ruhe begannen, vor allem an den Wochenenden, waren für mich Erholung und Entspannung pur. Danach folgte meistens eine Radtour oder ein Spaziergang durch den nahen Wald. Im Winter fuhr ich Ski auf den Waldwegen und im Sommer badete ich oft im nahe gelegenen See. Diese Tage, die ich mir immer öfter gönnte, erinnerten mich schließlich wieder an das Lachen

des Harlekins. Es war in Wirklichkeit ein ungeschminktes, schönes und freies Lachen. Ich wollte kein Harlekin sein, der nur versuchte, mit einer vorgehaltenen Maske zu leben.
Ohne Maske zu leben, entspricht den Tatsachen. Hinter der Maske versteckt zu bleiben, bedeutet, dass die Seele eigentlich Risse hat, die man verdecken will. Vielleicht kennst du das auch. Vielleicht sind es tiefe Einschnitte in deinem Leben, die sich im Laufe der Zeit ereignet haben, Dinge, die du selbst erlebt hast. Um diese tiefen Seelenrisse zu verbergen, brauchtest du ein Leben lang farbige Schminke. Diese Farbe verblasst aber mit der Zeit und dann werden trotz dick aufgetragener Schminke selbst die kleinsten Risse wieder sichtbar. Was über Jahre hinweg überdeckt und vertuscht wird, zeigt im Alter den „Schaden" noch viel, viel deutlicher an.
Ignoriere dein Leben also nicht länger. Sei kein Harlekin mit einer Maske, denn das Leben hat anderes mit dir vor. Wenn du dich verstellst, richtest du dich gegen deine eigene Natur. Außerdem fühlst du dich wahrscheinlich nicht besonders wohl, wenn du dich versteckst. Du kannst von heute auf morgen einfach damit aufhören. Es wird dir sofort besser gehen.

Schluss mit dem Versteckspiel!
Lebe ohne Zwang und sei frei!

ZUR RUHE KOMMEN

An einem schönen sonnigen Wintertag war ich Ski fahren. Aber dann änderte sich das Wetter, es zogen plötzlich dunkelgraue, tief hängende Wolken heran. Die Ski glitten nicht mehr so gut über den Schnee und man sah nicht mehr die Weite des Tales, in das wir hinunterfuhren. Es schob sich eine undurchsichtige Feuchtigkeit zwischen die abwärtsfahrenden Menschen, die eine Unsicherheit bei dieser Geschwindigkeit mit sich brachte. Die Wolkenschichten hatten einen hohen Prozentsatz an Feuchtigkeit gespeichert, sodass meine Brille sofort beschlug und mein Skianzug in kürzester Zeit durchnässt war. Es war zwölf Uhr, Mittag, Zeit für eine Pause.
Der Ort Oberwiesental bot eine Menge Gaststätten, bald saß ich in einem Restaurant an einem rustikalen Tisch. Ich aß Hefeklöße mit Heidelbeeren, dazu leckere Vanillesoße. Vor dem Essen trank ich eine Apfelschorle, denn eine alte Weisheit besagt: Essen und Trinken gehören nicht zusammen. Ich hielt

mich an dieses Prinzip schon eine ganze Weile und hatte mich davon überzeugt, dass es meine Körperkräfte stärkte. Durch diese Umstellung hatte ich beispielsweise nicht mehr das Bedürfnis, nach dem Essen unbedingt eine Ruhephase einzulegen. Vorher hatte ich mich immer sofort nach dem Essen an ein kuschliges Plätzchen auf meiner Couch verzogen und mindestens eine Stunde geruht, um zu regenerieren. Ich war nach diesen Mittagsschläfchen immer fit wie ein Turnschuh gewesen. Aber das, was schon meine Eltern und Großeltern getan hatten, war nicht mehr das Richtige für mich. Trinkt man zwischendurch beim Essen, werden die Verdauungssäfte verdünnt und der Magen braucht die doppelte Zeit, um die Nahrung zu verdauen. Dadurch wird enorm viel Energie verbraucht und der Körper wird sehr geschwächt. Deshalb fühlt man sich eben nach dem Essen kraftlos und erschöpft, und das muss natürlich wieder aufgebaut werden. Das Mittagsschläfchen ist dann oftmals die Konsequenz, aber ein Waldspaziergang wäre gesünder und förderlicher für Körper, Geist und Seele.

Da sich das Wetter nicht änderte, beschloss ich, ein wenig durch den Ort zu laufen. Ich tauchte für die nächsten zwei Stunden in die erzgebirgische Welt der traditionellen Holzschnitzer ein. Ich besah mir all die schönen Auslagen in den Schaufenstern der Geschäfte. Die Figuren waren teils mit Farben bemalt und die berühmten Schwibbögen, die man in der Adventszeit ins Fenster stellte, waren hell erleuchtet. Die Vielfalt der Muster dieser alten Handwerkskunst schien noch lange nicht ausgeschöpft zu sein, so überbordend war das Angebot.

All das erinnerte mich stark an meine Kinderzeit. Ich dachte an die weihnachtlichen und österlichen Figurengruppen, die schon in meinem Elternhaus auf dem Tisch gestanden hatten. Unbewusst bog ich in eine Seitengasse ein, die menschenleer war. Den kleinen, eng aneinander gebauten Häusern reichten die Schneeberge bis an die Dachrinnen. Nach einer Weile bemerkte ich, dass irgendetwas anders war, denn ich hatte kein Gefühl mehr für die Zeit. Der Schnee vermochte es, eine sonderbar angenehme Empfindung in mir hervorzurufen. Es war eine Stille der ganz besonderen Art. Alles schien in ein Schweigen eingehüllt, die kleinen Häuschen, die schmale Gasse, die aufgetürmten Schneehaufen am Rand. Der weißliche fließende Übergang zwischen Himmel und Erde befand sich im Einklang mit einer noch größeren Stille. Jeglicher Lärm war völlig verschwunden und man konnte meinen, dass Geräusche hier keine Chance hatten, sich irgendwo festzuhalten oder auszubreiten. Alles schien unberührt und schweigsam.
Die kalte, flimmernde und glänzende Schneeluft schluckte alles in Sekundenschnelle. Selbst meine eigenen Schritte waren nicht zu hören. Ich spürte nur, wie sich der Schnee mit der Stille angefreundet hatte und sie in ihrem Wesen unterstützte. Ich selbst wagte kaum aufzutreten und blieb immer wieder mitten auf dem Weg stehen, um dieses „Atemlose" der Natur zu spüren. Selbst wenn ich gewollt hätte, ich konnte nicht weitergehen, denn mein Inneres hatte das Bedürfnis, zu bleiben und zu verweilen in dieser schönen Leere. Eine Vielzahl großblumiger Eisbilder an den kleinen Fensterscheiben faszinierte mich außerdem. Alles war so friedlich und harmonisch, dass ich für

Augenblicke gar kein Selbstgefühl mehr hatte. Als hätte ich mich selbst in Luft aufgelöst.
Es bedurfte einer großen Anstrengung und Überwindung für mich, diese Stille wieder loszulassen. Dieser Tag hatte nur kurz angehalten. Ich hatte so etwas noch nie empfunden. Ich war da und ich war auch nicht da, ich war nur einmal kurz verreist in eine *andere* Welt. Es war eine Welt, die etwas jenseits lag, wie ein Stück zwischen Ruhe und Leere. Es war ein Empfinden, das man nur selten hatte und scheinbar nur dann auftauchte, wenn man es nicht erwartete. Man konnte die Stille suchen, wo man wollte, alle Ecken und Winkel durchforsten, sie ließ sich nicht willentlich finden. Sie zeigte sich ganz einfach von selbst, das merkte und spürte ich plötzlich. Sie hatte von mir Besitz ergriffen, sie hatte sich in mir breitgemacht, ganz ohne mein Zutun. Ich wusste nicht, wo sie hergekommen war, ich erlebte sie plötzlich.
Wenn mehr Gelassenheit in dich einkehrt, werden es vor allem die anderen bemerken und dich vielleicht fragen, was du getan hast oder wem du begegnet bist. Dabei bist du ganz normal und äußerlich ist gar nichts passiert. Wenn du innerlich wächst, dich selbst besser verstehst, dich annimmst und dich selbst liebst, entsteht eine andere Sicht auf alles. Durch diese neue Sichtweise und die daraus entstehenden Handlungen verändert sich dein ganzes Wesen. Ohne jegliches Zutun geschehen Dinge, die dich erkennen lassen, wer du in Wirklichkeit bist.
Um das eigene Ich zu verstehen, bedurfte es meinerseits einer Menge Arbeit, aber es war eine *innere* Arbeit, die mich mit

der Zeit mehr und mehr glücklich und zufrieden machte. Ich musste genauer herausfinden, was ich wollte, welche Ziele ich hatte und welche Aufgaben ich mir vornehmen wollte. Das war nicht immer leicht umzusetzen. Kraft und ein starker Wille waren vonnöten. Ich musste mir genügend Zeit lassen, mir Zeit dafür geben. Mehr war es eigentlich nicht. Es kostete zwar eine Menge innere Anstrengung, Durchhaltevermögen und Kraft, aber welche Veränderung bedarf vorher keiner Arbeit? Und wenn man bereit dafür ist, tut man es einfach.

Um dieses innere „Tun" herum entstand etwas ganz Wunderbares, es entwickelte sich in mir ein neuer, ein anderer Mensch, könnte man sagen. Durch Bewusstseinsveränderung kristallisierte sich sozusagen mein wahres Wesen heraus. Für mich bedeutete das größte Freude und Erfüllung. Ich hatte mich und mein bisheriges Leben noch nie so empfunden und mich noch nie so glücklich gefühlt. Die Erfahrung der Stille führte mich zu einem zweiten, einem besseren und erfüllteren Dasein.

> **Liebe zu mir selbst und die eigene Zufriedenheit sind der wahre Schlüssel für dauerhaftes Glück.**

WEGE ZUR LIEBE

Auf der Suche nach Liebe wird nirgends jemand ein Schild finden, auf dem beispielsweise steht: „Nächste Straße rechts bitte, über den Kreisverkehr und dann geradeaus!" Auch nicht im Supermarkt: „Heute günstige Liebe, Sie nehmen zwei und bezahlen nur eine." Beim Bäcker, beim Frisör, nirgends habe ich ein Schild angetroffen mit der Aufschrift: „Weg zur wahren Liebe". Wer sollte dieses Schild auch geschrieben und aufgestellt haben? Wer wusste denn schon, wo der Weg zur Liebe war?

Ich hatte erkannt, dass der Weg zu wahrer Liebe über die Eigenliebe führt. Das mag etwas egoistisch klingen, doch für mich fühlte es sich stimmig an. Ich musste *zuerst* etwas für mich tun, denn ich war die wichtigste Person in meinem Leben. Hatte ich das erkannt und innerlich umgesetzt, konnte ich so viel Liebe abgeben, dass es mindestens bei jeder Person, die mir begegnete, für ein Lächeln reichte. Das war dann ein cooles Gefühl, musste ich zugeben. Ich fühlte plötzlich unerwartet Freude in mir, war für diesen Moment glücklich und konnte tiefer durchatmen. Das Glück lag sprichwörtlich auf der Straße, ich musste es nur sehen. Das war schon alles, mehr brauchte ich nicht, und der Rest würde von ganz alleine geschehen. Ich musste den eingeschlagenen Weg nur immer weitergehen, bis ich das Haus finden würde, in dem die Liebe wohnt, in dem sie zu Hause ist.

Das Haus, in dem die Liebe wohnt, jeder sah es täglich und hielt sich darin auf, aber kaum jemand wollte es wahrhaben. Wer wusste denn schon, dass er in einem Schloss wohnte oder in einer schönen Villa, mit riesigen Räumen und großen Fenstern, in die jeden Tag die Sonne hineinschien. Nur wenige waren sich dessen bewusst und schauten lächelnd aus ihren Fenstern.

Vielleicht öffnest du auch einmal deine Tür und gehst ein paar Schritte hinaus ins Freie, vielleicht irgendwann oder sogar jetzt. Dies wäre der erste Schritt auf dem Weg zur Liebe. Im Freien, das heißt: in der *inneren Freiheit*. Das klingt wie ein Fremdwort und ich hatte es auch erst vor Kurzem kennengelernt. Ich dachte bei mir: Ich habe doch meine Freiheit, ich kann hinfahren, wohin ich will, ich kann anziehen, was ich will. Ich habe mir ein Auto gekauft und ein Haus gebaut. Ich pflanze in meinem Garten das an, was mir schmeckt, und viele bunte Blumen, die ich mag. Und ich fahre jedes Jahr in meinem Urlaub woanders hin. Ich habe doch schon jede Freiheit und tue das, was ich will.

Auf den Mond fliegen musste ich ja nicht unbedingt. Mir genügte die Freiheit, die ich hatte. Jedenfalls dachte ich das, bis ich mich mit dem Wort „Freiheit" näher beschäftigte, mich intensiver damit auseinandersetzte. Bis dahin hatte ich noch nie gehört, dass es eine *äußere* und eine *innere* Freiheit gibt. Ich wusste auch nicht, dass die äußere Freiheit nur ein Schein ist, eine vom Ego zurechtgebaute Gedanken-Welt, zusammengehalten aus Illusionen, Ängsten, Wut, Verzweiflung, Gier und Machtverlust. Was das Ego sagte und mir jeden Tag als kleine Geschichte in meinem Kopf erzählte, schien für mich richtig und glaubwürdig zu sein. Bisher hatte es in mir keine anderslautende Meinung dazu gegeben, deshalb meinte ich auch, nicht darüber nachdenken zu müssen.
Eines Tages jedoch fiel mir etwas auf, als eine gute Freundin mich nach meiner *inneren Meinung* fragte, zu einer Sache, die sie mir gerade erzählt hatte. „Was fühlst du dabei, wenn ich dir das erzähle?", sagte sie. Mit großen Augen und offenem Mund stand ich da und wusste keine Antwort. „Was meinst du damit?", fragte ich zurück. „Ich meine", erwiderte sie geduldig, „was du bei dieser Sache eben gefühlt hast. Berührt dich das oder ist es wie ein unangenehmer Schluck kaltes Wasser, den du am liebsten wieder ausspucken möchtest?" Meine *innere* Meinung wollte sie wissen, sie wollte meine Gefühle dazu erfahren. Da wusste ich nicht, was ich sagen sollte. Fühlen? Ich merkte nichts, wie ich frustriert feststellte. Da war wirklich gar nichts, was mich berührte. Hatte ich denn keine Gefühle? Oder wusste ich bloß nicht, wie ich an sie herankam? Jedenfalls war diese Situation ziemlich peinlich für mich. „Natürlich

fühle ich etwas ...", stotterte ich so vor mich hin. „Ich muss nur erst einmal überlegen, was ich da fühlen soll." Als ich diesen Satz gesagt hatte, merkte ich gleich, was für einen Unsinn ich von mir gegeben hatte.

Gefühle konnte ich nicht erdenken, Gefühle waren das eigene Empfinden im Moment und nicht das Nachdenken über Gestern und Morgen. Wieso wusste sie das alles, aber ich nicht? Das war eine große Herausforderung für mich. Wo sollte ich meine innere Meinung nun „herholen"? Die anderen hatten sowieso immer recht, wozu brauchte ich eine innere Meinung? So begann mein *innerer* Weg zu meinen eigenen Gefühlen.

Und der Weg zu den Gefühlen ging noch weiter. Ihn weiterzuverfolgen, führte mich nicht nur zum Fühlen, sondern bald auch zum Lieben. Denn ohne Gefühle gibt es auch keine Liebe. Erst die Gefühle geben innere Freiheit, innere Macht und die Kraft für die Liebe. Liebe braucht keine Worte und kein Sagen, Liebe ist nur liebevolles Handeln. Liebe ist ein zärtliches Umarmen. Liebe ist, einfach nur da zu sein und zuzuhören. Was ich durch die eigenen inneren Empfindungen noch fand, war die natürliche Stille und die Nähe zu mir selbst, und die brauchte ich, um das, was in anderen vor sich ging, wahrzunehmen. Ihre innere Freude, Traurigkeit, was immer sonst sie bewegte. Das war das, was zählte, weil DAS nicht vergeht, weil es ewig ist. Gefühle, das waren Schwingungen, das waren Kraft und Gesundheit für meinen Dreiklang „Körper, Geist und Seele". Sie waren die Arznei für mein innerlich abgestorbenes Leben.

Gefühle lassen sich weder einengen, noch lassen sie sich in Worte fassen. Gefühle wollen getragen werden. Gefühle sind

die Streicheleinheiten für deine Seele, die du täglich, die du stündlich, die du immer brauchst. Du musst dich also um deine Gefühle kümmern. Das kann dir einige Schweißperlen auf die Stirn zaubern, aber es lohnt sich. Ich bin durch so manches Tal gegangen, um das alles in mir zu erforschen, in eigenständiger Arbeit, sozusagen nur mit Schippe und Spaten. Dabei musste ich tief graben, manchmal sehr tief sogar. Doch immer, wenn ich merkte, dass es so sein *musste*, grub ich fleißig weiter. Ab und zu stieß ich auf eine Wasserader, aber damit musste ich leben. Tränen gehörten auch dazu, sie waren im Fluss meines Lebens ganz normal enthalten und reinigten mich *von innen her*.
Ein gefühlloser Mensch, der mit seinem Ego verheiratet ist und nur das Materielle sucht, hat sich selbst vergessen. Er weiß weder, wer er in Wirklichkeit ist, noch, wo sein wirkliches Zuhause ist. Er kennt das schöne große helle Haus nicht, in dem er wohnt. Er sitzt nur in seinem dunklen Keller herum und weiß nicht wirklich, wie schön es sein würde, wenn er außerhalb dieses Kellers wäre.
Du bist also dein eigener Gefängniswärter. Damit meine ich deine eingesperrte Gedankenwelt, die dich am meisten einschränkt. Sie lässt dich einfach nicht in dein Inneres hineinschauen. Deine Gedanken und Ängste hast nicht du gemacht, sondern dein Ego will dich damit festnageln. Wenn du das erkennst, wirst du vielleicht erzittern und erschrecken. Dein Gedanken-Alltag kann aber bestimmt nicht gesund sein und wird sich auch nicht von allein auflösen. Aber du kannst dich *innerlich* verändern und für deine Gefühle und die Liebe öffnen.

Das Leben hat mehr zu bieten, als du glaubst. Leben hat mit *innerer* Freiheit zu tun und mit Selbstliebe. Nähe und Geborgenheit in dir selbst zu spüren, wird dich tragen im Leben. Dann wird schon die wortlose Begegnung mit jemand anderem Glücksgefühle in dir hervorbringen. Deine einfache, innen gefühlte Wahrnehmung eines anderen wird dir die Liebe näherbringen.

> **Erst, wenn du dich selbst fühlst,**
> **fühlst du das ganze Leben.**

FESTHALTEN UND LOSLASSEN

Wie musste ich damals innehalten, als in kurzer Zeit nacheinander meine zwei Kinder freudestrahlend die Wohnung verließen! Sie waren gerade mal achtzehn Jahre alt und schon sagten sie dem lieben Elternhaus „Ade". Ja, ich, wir mussten begreifen, dass unsere Kinder flügge geworden waren. So, wie junge Vögel, konnten sie nun fliegen. Also verließen sie das Nest und schauten sich auf ihre Art in der Welt um.
Das Nest, ich meine unsere Wohnung, war wie leer gefegt. Ruhe im Stall, wie man so schön sagt. Man kommt sich vor wie abgewohnt. All die Jahre war eine Aufgabe vorhanden gewesen, die zur Normalität geworden war. Für mich fühlte es sich plötzlich an, als ob mir jemand etwas wegnahm, jemand, der es nicht durfte. Die Zeit schien für mich noch nicht reif zu sein, ich hatte scheinbar verpasst, genauer hinzuschauen. Wenn ich mich aber selbst nicht verstand, wie konnte ich da den Wunsch meiner Kinder verstehen?

Plötzlich stand alles auf dem Kopf. Ich kam mir vor, als würde ich mich neu erschaffen müssen. Du gehst durch deine Wohnung und suchst etwas, das es nicht mehr gibt. Etwas, das sich bewegt, das mit dir reden will und das dich braucht. Da ist aber niemand, da bist nur du. Ein Unbehagen machte sich in mir breit. Jetzt musste ich auch noch anfangen, mich selbst zu finden. Das hatte ich eigentlich gar nicht mehr vor in diesem Leben, aber was sollte ich sonst anderes machen? Ehe ich sinnlos vor dem Fernseher rumsaß oder mir ein Bier nach dem anderen in meinen Körper goss, entschied ich mich doch für etwas Nützlicheres.
Ich kaufte mir Bücher und erlas mir mein Leben. Ob es der Buddhismus war oder das Christentum, alles hielt ein paar gut gemeinte und erfahrene Ratschläge für mich bereit. Nach und nach fand ich noch anderes wegweisendes Lesematerial, das mir die Augen öffnete. In dieser Zeit lernte und begriff ich sehr viel von dem, was mich selbst betraf. Ich entschied mich einfach *für mich*, ohne zu wissen, auf was ich mich da einließ. Ich hatte bisher zwar geglaubt, mich zu kennen, ich wusste sogar, wie mein Name in Spiegelschrift geschrieben wurde, ich wusste, wer meine Eltern und meine Großeltern waren. Aber das war so fast alles, was mir dazu einfiel. Ich war mit mir zufrieden und glaubte auch, mit mir zurechtzukommen. Aber all das stellte sich nun als großer Irrtum heraus.
Bücher sind schon etwas Wunderbares! Du siehst in den Spiegel und bemerkst gar nicht, dass du es bist. All die Jahre hatte ich nicht wirklich in meinen Spiegel im Bad gesehen, ich selbst war die größte Illusion überhaupt gewesen, eine Täuschung,

die ich mir nur eingebildet hatte. Ich verstand es damals noch nicht, aber es war so. Also machte ich mich an die Arbeit, etwas für mich zu tun. Ich fand beispielsweise einen neuen Zugang zu Methoden der Selbsterforschung: Autogenes Training, Reiki. Es gab ja auch eine Menge zu tun, die Gedanken plapperten mir unentwegt vor: Ruf deine Kinder an! Frage sie, wie es ihnen geht! Ob sie etwas brauchen? Sie könnten auch jederzeit wieder nach Hause kommen, alle Türen ständen ihnen offen. Ihr Zimmer war noch genauso eingerichtet, wie sie es verlassen hatten. Ich wäre immer für sie da, wenn sie mich bräuchten und … und … und … Lauter solche schrägen Gedanken sagte mir mein wirrer Kopf unentwegt. Ich hatte schwer mit mir zu kämpfen. In einer Tour wurde ich mit Verlustängsten konfrontiert, so entstand ein innerer Zweifel. Der Film lief verkehrt herum und ich wusste nicht, was ich machen sollte.
Meine Gedanken machten mir dermaßen zu schaffen, dass ich Angst hatte, in eine Nervenanstalt gehen zu müssen. Da schickte ich meine Gedanken doch lieber in ein Kloster zum Schweigen. Jedes Mal, wenn in meinem Kopf wieder jemand versuchte, sich gedanklich einzuschleichen oder unaufhaltsam bemerkbar zu machen, schickte ich ihn einfach ins Kloster. Das hat funktioniert. Es war für mich die Lösung. Dieses Schweigekloster hatte ich mal schnell so für mich erfunden, um meine nicht zu bändigenden Gedanken letztlich doch noch unter Kontrolle zu bekommen. Dabei stellte ich fest: Je öfter ich dies tat, desto schneller ging es mir „nervlich" wieder besser. Es zog langsam Ruhe in meinem Kopf ein. Die Gedanken nahmen sich nach und nach etwas mehr zurück und es blieb mir

mehr Freiraum, mal an nichts zu denken. Ja, ich war erstaunt, denn es machte sich von Zeit zu Zeit sogar mehr Schweigen als sinnloses Gebrabbel breit.

Ich fühlte mich bald besser und erholter. Mein Reden klang wieder geordnet und allmählich war ich zufriedener mit mir und der Welt. Ob auch meine Gedanken dieses Loslassen verstanden hatten? Ich hatte keine Ahnung. Wenn es so war, mussten sie es letztlich auch meinem Körper mitteilen, denn der wusste davon noch gar nichts. Der Körper hielt ja selbst auch fest an dem alten Zustand und musste erst lernen, loszulassen.

Wenn ich meine Kinder losließe, hieße das noch lange nicht, dass ich sie auch vergäße. Hieße ja nicht, dass ich sie nie wiedersehen wollte oder sie mir egal wären. Auf keinen Fall, genau das Gegenteil wollte ich erreichen. Ich trug meine Kinder im Herzen, das stand mir zu als Vater und das würde auch nie anders werden. Es waren meine Kinder und sie würden es mein ganzes Leben lang auch bleiben, egal was geschähe. Mein Loslassen hatte also nur damit zu tun, ihnen die Freiheit zu gewähren, ihr Leben selbst in die Hand zu nehmen und zu gestalten. Es war also mehr ein gedankliches Loslassen.

Es entwickelte sich allmählich die Ruhe in mir, nach der ich mich so gesehnt hatte. Natürlich geschah das nicht von heute auf morgen, es war ein langer Entwicklungsprozess, wie alles im Leben. Wenn ich genau hinschaute, stellte ich fest, dass er schon viel früher begonnen hatte. Ich war so um die dreißig Jahre alt gewesen, da hatte ich plötzlich Darmprobleme gehabt. Wie das gekommen war und warum das so war, schien mir damals unerklärlich zu sein. Mein Körper hatte bis dahin tadellos funktioniert, aber nun wollte mein Körper nicht mehr das tun, was er immer mit Leichtigkeit getan hatte. Wenn ich zur Toilette ging, kam eine enorme Kraftanstrengung auf mich zu. Mein Kopf lief rot an und die Ohren fingen an zu summen. Ich hatte ein echtes Stuhlgangproblem!

Ich fand alleine nicht die Ursache heraus, aber das Symptom wurde schnell behoben durch leichte Abführmittel. Mir war klar, dass es das noch nicht gewesen sein konnte. Ich wurde auf mich selbst aufmerksam und dachte: Jetzt gehen schon die ersten Beschwerden los, wie soll das dann mit sechzig Jahren aussehen? Ich ertrug die Unstimmigkeit in meinem Körper einige Jahre. Ich ließ mir Zeit, meine Körpersprache zu verstehen, denn meine Verdauungsorgane zeigten mir letztlich Dinge an, auf die ich besser achten sollte. Ich war also dabei, meinen Körper sensibler zu begreifen, statt nur zu denken, er habe zu funktionieren. Mir gingen in dieser Zeit so viele Lichter auf, dass ich einen Schreck bekam. An welcher Ecke sollte ich zuerst anfangen? Aber eins stand fest, ich wollte weder Tabletten noch das Skalpell.

Nein, dachte ich ernsthaft besorgt, ich bin der Verwalter meines Körpers, also bin ich auch sein Heiler! Jetzt kamen ganz neue Aufgaben auf mich zu. Ich ging regelmäßig in den Wald, um die negativen Gedanken wegzuschaufeln. An der frischen Luft wurde ich ruhiger, ich konnte besser durchatmen und kam schneller bei mir selbst an. Na prima, dachte ich, es ist also doch nicht so wie bei Hänsel und Gretel. Ich verlaufe mich nicht, sondern finde direkt zu mir. Ich bin neugierig, was ich noch herausfinden werde.

Eine Freundin gab mir damals den Rat, *Altes loszulassen*, dann würde es auch bald mit dem Toilettengang einfacher werden. „Scheißen wie ein Wallach", sagte sie wörtlich. Und sie hatte recht. Verkrampfungen, Körperfehlhaltung, Beinschmerzen, Rückenschmerzen, Beschwerden in den Armen, seelische Schmerzen und viele andere Symptome, die sich im Laufe der Zeit noch dazugesellen würden, sie hatten alle etwas mit Loslassen zu tun. Ich musste lernen, nicht mehr an allem festzuhalten, besonders dann nicht, wenn es schon Jahre zurücklag.
Auch deine Vergangenheit sollte sich wohl schleunigst aus deinem Körper verabschieden, denn sonst kannst du nicht frei und glücklich werden. Aber um diese Vergangenheit loszuwerden, musst du deine ewigen Gedankenschleifen auflösen. Sie sind regelrecht in deinem Kopf festgefahren, wahrscheinlich schon über zu viele Jahre hinweg. Wenn du das zu verstehen und zu akzeptieren lernst, wird sich dir eine ganz neue Welt eröffnen. Das, was *gewesen* war, war *vorbei*. Es war nur wichtig, daraus etwas mitzunehmen, die Essenz der Erfahrung. Man lernte ja schließlich durch alles, was im Leben passierte. Es brachte einen ja weiter. Aber dann musste man es eben auch wieder loslassen, damit etwas Neues passieren könnte. Als ich das mehr und mehr umsetzte in mir, wurde es auch in meinem Körper „leichter". Die *innerliche* Befreiung war nachhaltig, denn ich konnte wieder entspannt zur Toilette gehen. Es war so, als hätte ich einen schweren Sack Kohlen abgestellt. Es war so befreiend! Was genau über meine Gedanken in meinem Körper geschehen war, wusste ich zwar nicht, aber ich spürte, dass mein Körper genau das – im übertragenen Sinn – tat, was

meine Freundin geraten hatte: Er drängte Altes in den Abfalleimer (Darm), um es loszulassen. Die innere Auseinandersetzung mit dem Loslassen hatte dazu geführt, dass mein Körper ebenfalls diese Aufgabe übernahm. Ich konnte also buchstäblich erleichtert sein.

> **In der eigenen Zufriedenheit**
> **liegt der Reichtum des Lebens.**

DIE ZWEI SEITEN

Jedes Ding hat zwei Seiten, sagt der Volksmund, und so natürlich auch der Mensch. Nach langem Hin und Her und vielem Ausprobieren fand ich heraus, dass auch in mir zwei Seiten vorhanden waren. Die eine Seite war das Fühlen in Verbindung mit dem Herzen, die andere das Denken im Kopf. Das eine war die Herzenssprache, das andere das Ego, dieses machthungrige und gefühllose Denkmonster, das über all die ganzen Jahre mein Dasein dominiert hatte, ohne dass ich bemerkt hatte, was es mit mir anrichtete.
Was ich noch herausfand, war, dass das eigene Ego alles Denken unbemerkt gegen mich arbeiten ließ. Mich selbst zu verleugnen und nicht annehmen zu wollen, war das Ergebnis gewesen, und dabei hatte ich sogar gemeint, das wäre alles ganz normal. Ohne zu bemerken, auf welche Illusion ich da hereingefallen war. Dieses Täuschungsmanöver war so perfekt inszeniert gewesen von meinem Ego, dass ich gar nicht auf die Idee gekommen war, hier könnte etwas nicht stimmen. Das Ego argumentierte überzeugend, es ließ mir keine Chance,

anders über mich nachzudenken, es fiel mir regelrecht ins Wort, sobald ich anderer Meinung war. Es verdrängte alle Empfindungen in mir, es machte mich gefühllos.
Ich war total unzufrieden, fühlte mich selbst herzlos, aber auch unverstanden und war immer in irgendwelche Machtkämpfe verwickelt. Die anderen machten es genauso, also machte ich es auch, ohne mich selbst je gefragt zu haben, ob ich das wirklich wollte. Und ich war dabei sogar felsenfest überzeugt, dass ich das Richtige tat. Diese Fremdbestimmung, bereitete mir zunehmend ein Unwohlsein und echte Magenbeschwerden.
Ich brauchte lange, um zu erkennen, dass an meiner *Denkstruktur* etwas nicht in Ordnung war. Verbunden waren wir zwar alle miteinander, so viel wusste ich bereits, aber deshalb mussten wir nicht alle exakt das Gleiche denken. An dieser Stelle fing das Rad in meinem Kopf an, sich *andersherum* zu drehen. Ich begann, meine Gedanken neu zu sortieren und danach zu beurteilen, ob ich sie brauchte oder nicht gebrauchen konnte. Schon als Kind hatte ich gelernt, Dinge anzunehmen, die mir gar nicht eigen waren. Oftmals hatte meine Anpassung an fremdes Denken einem Bedürfnis nach Schutz entsprochen. Ohne zu fragen, hatte ich dann auch später, als Erwachsener, so gelebt, wie es scheinbar immer schon üblich gewesen war. Niemand traute sich, daran etwas zu verändern oder *anders* zu machen. Warum auch! Was Großeltern und Eltern schon immer getan hatten, musste ich auch tun. Nie hatte ich mich gefragt, ob ich das wirklich so wollte, ob ich etwas wirklich brauchte oder nicht brauchte. Dieses ungewollte Nachäffen hatte aus mir eine Person gemacht, die ich gar nicht war. Ich

hatte mir mein wirkliches Wesen selbst aberkannt. Ohne groß darüber nachzudenken, hatte ich mich in Bahnen lenken lassen, weil ich selbst glaubte, es müsste genau so sein und ginge vor allem auch nicht anders zu machen. Diese kraftlose Ausrede hatten nicht nur die Menschen in meinem Umfeld benutzt, sondern ich selbst auch.

Auch die Medien sagten mir, wie ich mich zu fühlen und zu verhalten hatte. Welch ein Schwachsinn! Als ich das erst einmal in seiner Tragweite begriff, rüttelte es mich natürlich kräftig wach. So begann für mich eine Zeit des Zweifelns an mir selbst. Alles, was mir begegnete, und alles, was ich sah, schien mir auf einmal unklar, regelrecht unwirklich zu sein. Es fehlten Sinn und Logik in fast allem. Ich konnte es weder verstehen, noch berührte es mich. Alles war weit weg, denn ich war unempfindlich, unnatürlich und mir selbst gegenüber fremd geworden.

Ich begann, jegliche Fremdbestimmung konsequent abzulehnen. Ich wollte aus einer Welt entfliehen, die mir nicht guttat. Ich hatte schon immer das Gefühl gehabt, ich müsste aus mir selbst anders leben, und zwar so, dass es meinem Wesen entspräche. Mein eigenes Ego hatte aber einfach nicht zugelassen, dass ich mich erkannte. Nun musste ich zumindest den Versuch wagen, dem zu widersprechen, was mein Ego mir immer noch unaufhörlich einflüsterte: „Nein, du musst so sein wie die anderen, dann bist du *richtig*!" Dieser Satz tat mir allmählich in der Seele weh.

Das wahre Wesen jedes einzelnen Menschen, welches vom Fühlen und von den fünf Sinnen bestimmt wird, können die

meisten nie erfahren im Leben, weil das Ego sie in eine Richtung lenkt, die vom wahren Wesen wegführt. Die meisten Menschen denken, Zigaretten, Alkohol, Sex, Drogen und all das andere Übel wären das Einzige, das sie *fühlen* könnten. Aber in Wirklichkeit sind es nur Süchte, die verhindern, dass sich die Menschen als Wesen fühlen. Sex dient natürlich der Fortpflanzung, aber Sex wurde im Laufe der Zeit zu einer Krücke dieser Gesellschaft gemacht, um sich *scheinbar* zu erleben.
Die beiden Seiten einer Medaille, der Lebensmedaille, sind das echte innere Fühlen und das nach außen gerichtete Denken. Solange du nur eine Seite siehst, aber nicht beide in Einklang bringst, erscheint dir die ganze Medaille falsch und schwer. Du musst nur *umdenken:* Ich bin dieses glänzende Stück mit zwei wunderbaren Seiten. Mehr gibt es nicht zu tun, es ist so einfach, wie es klingt.

> **Ohne das viele Denken**
> **wäre man glücklicher, friedvoller und freier.**

JEDER IST SCHÖN

„Wahre Schönheit kommt von innen." Diesen alten und sehr weisen Spruch kennt wohl jeder. Er stimmte nicht nur hundertprozentig für mich, viel mehr noch: Er stimmte mit absoluter Garantie sogar bis ins hohe Alter, meiner Meinung nach. Wieso? Na, ganz einfach, ich war ja selbst mein eigener „Faltenleger". Ja, mein Ego war mein „Altmacher". Ich hatte diese Logik am Anfang nicht gleich verstanden und auch nicht wirklich daran geglaubt. Aber letztlich war es einfach so: Schimpfe mit niemandem und zanke mit niemandem, denn es ist immer der innere Groll, der die Falten bildet. Ich musste also Rücksicht nehmen auf andere und am meisten auf mich selbst. Ich versuchte, mich selbst mehr zu begreifen und zu verstehen. Das war eher ein Loslassen, also keine Faltenbildung. Ich musste vorher daran denken, bevor ich „explodierte". Ich musste meine Zweifel und meine angestaute Wut hinterfragen. Es fiel mir in der ersten Zeit schwer, mit dieser neuen Herangehensweise zurechtzukommen. Es funktionierte aber, weil das Verstehen und die Liebe *zu mir* fanden. Ein sehr deutliches Merkmal, welches sich oft am Körper zeigt, sind Allergien oder

Warzen, Symptome einer verletzten empfindsamen Seele. Es fehlen der lieben Seele Streicheleinheiten. Über Jahre leidet sie darunter und wird trotzdem nicht beachtet, und das tut ihr natürlich sehr weh. In meinem Fall war meine eigene Unzufriedenheit mit mir selbst der Grund dafür, dass ich mich nicht annehmen wollte, wie ich war. Aber wer war ich denn überhaupt? Das habe ich mich als Erstes gefragt und nach einer Antwort gesucht. Und ich fand einen Schlüssel, der ins Schloss passte: die eigene Selbstablehnung. Meine Warzen zeigten mir an, wie „hässlich" ich mich selbst fand und welche Unzufriedenheit in mir lag. Die Warzen redeten eine deutliche und verständliche Sprache, ich hatte sie am ganzen Körper. Umso größer die Warzen waren, desto stärker deutete ich sie als einen Hinweis auf Selbstvernachlässigung. Ich musste erkennen lernen, dass es keine Sache für den Schönheitschirurg war, sondern dass die Ursache ganz tief in mir drin lag. Dieses Ich, das war meine leidende Seele. Je mehr ich meinen Seelenfrieden finden würde, umso glücklicher und zufriedener würde ich sein. Und nur das würde meine Haut wieder in Ordnung bringen.

Ich erkannte schließlich, dass ich mich unbewusst hässlich machte, indem ich mir immer und ständig die Sorgen und Probleme anderer auflud. Was war das Resultat? Ich erlebte dauernd die Furcht und Angst der anderen. Es reichte doch wohl schon allein die eigene Angst aus, die ich hatte, bedingt durch Medien und all den Stress im Alltag. Das allein machte ja schon krank und hässlich genug. Wie ich bereits wusste, waren Körper, Geist und Seele eine Einheit, die harmonisch und ausgewogen sein sollte. Die körperliche Schönheit würde also mit der seelischen Gesundheit von innen kommen, voll und ganz. Es war wirklich befreiend und erhebend für mich, nachdem ich den Schock über die Wahrheit meiner inneren Unausgewogenheit überwunden hatte, endlich zu beginnen, *ganzheitlich* zu leben. Ich musste bloß erst einmal überhaupt in den eigenen Spiegel schauen, um das Gröbste etwas zu glätten. Um die Feinarbeit würde ich mich etwas später kümmern. Schritt für Schritt, nicht alles mit einem Mal, da käme der eigene Körper ja schnell durcheinander. Es sollte ja am Ende gut aussehen und dann für Jahre halten, dieses innere „Lifting". Genau genommen hätte ich jede Falte einzeln unter die Lupe nehmen und sie fragen müssen: Was ist mit dir? Warum „faltest" du mein Gesicht? Es war natürlich die Gedanken-Lupe, durch die musste ich schauen. Wo waren die Anspannungen im Körper? Wo konnte sich ein Gedanken-Knoten nicht lösen? Alles wollte in Ruhe und der Reihe nach begutachtet werden. Jede Tiefenreinigung bedarf einer genauen Vorsorge und einer Nachbehandlung, und da musste ich ab und zu eben auch mal die eigene Seele fragen, von welchen Gedanken sie verwirrt oder verstört wurde. Seelen sind sehr empfindlich!

Ich machte die buchstäbliche Erfahrung, dass kleinste Missgeschicke im Gedankengetriebe in meinem Gesicht Warzen, Eiterpickel und tiefe unansehnliche Falten entstehen ließen. Negative Worte gehörten auch dazu. Also musste ich bei allem, was ich innerlich leise und äußerlich laut sagte, immer bedenken, dass ich meine Seele auch mit meinen Worten auf Händen zu tragen hatte. Besser noch, ich musste sie eigentlich in Watte einwickeln und ihr jede Menge Streicheleinheiten

zukommen lassen. So, wie ich jahrelang versäumt hatte, mich um meine Seele zu kümmern, würde ich ihr nun über Jahre hinweg Gutes tun, damit ich der schönste und glücklichste Mensch auf Erden sein konnte.
Ich beobachtete, dass jedes gesagte negative Wort, jeder schwere Gedanke und jedes unerwünschte Tun sofort in meinem Körper Verspannungen und sogar Verkrampfungen auslöste. Ich konnte aber entscheiden, das zu ändern und positiv zu denken, zu reden und zu handeln. Die dadurch erreichte Entspannung aller Muskelgruppen im Körper hatte schnell zur Folge, dass sich auch meine Haut am gesamten Körper glättete. Die Gedanken-Pausen, die ich mir angewöhnt hatte, wirkten zusätzlich wie eine ganzheitliche Muskelentspannung und ersetzten jegliche Creme, Medizin oder OP. Das war reine Selbstheilung.
Die Haut ist das größte Körperorgan des Menschen, wusstest du das? Da hilft nur das Zauberwort: Lächeln! Setze dein zauberhaftes Lächeln regelmäßig auf und setze es als den weltbesten Falten-Killer ein, der von innen wirkt! Sorgenfalten sollen übrigens besonders tief sein und wenn man aus den eigenen Sorgen nicht herausfindet, hat man sie buchstäblich ewig „an der Backe".

> **Indem man sich selbst erkennt,
> wird man schön.**

SELBSTLIEBE ZUERST!

Auch wenn andere Leute von sich behaupteten, es ginge ihnen gut, sagte mir das oft genau das Gegenteil. Ein Sich-gut-Fühlen hätte ich am Lachen der Augen erkannt, an der Körpersprache, den gewählten Worten und ihrem Klang. Meistens kam aber diese Behauptung vom Ego der Leute und war eine reine Selbsttäuschung. In Wahrheit steckten sie in ihren engen gedanklichen Klammern fest und machten sich viele unnütze Sorgen um dies und das. Den Schmerz, der tief auf ihren Seelen lastete und sie krank machte, schienen sie nicht spüren.

Menschen machten mit den eigenen Gedanken ihre Seelen krank und die Seelen gaben das Leid an die Körper weiter, die es auszubaden hatten. Je größer der eigene Seelenschmerz, desto größer das körperliche Leiden. Ich hatte es selbst in der

Hand, mich zufrieden, glücklich und frei zu fühlen, ich musste nur im entscheidenden Moment mein Reden und mein Denken umwandeln in ein reines Betrachten und in ein Schweigen. Dann war mein eigener Seelenschmerz etwas gelindert. Ich konnte mich selbst wieder ertragen und auch lieben. Es waren meine Entscheidungen und die traf ich aus eigener Überzeugung und vom Herzen her. Wenn diese Entscheidungen den anderen auch nicht immer richtig erschienen, musste ich doch meine Erfahrungen selbst machen.
Um sich im eigenen Leben zurechtzufinden, bedurfte es meiner Suche nach dem richtigen Weg, aber auch die Irrwege gehörten dazu, denn nur so verlor ich meine Ängste und wurde dadurch selbstbewusster. Als Vater trug ich auch dazu bei, dass meine Kinder die Möglichkeit hatten, ihre eigenen Wege zu finden, indem ich sie gehen ließ, ihnen die Tür öffnete, damit sie ihr eigenes Glück finden konnten. Es war mehr ein symbolischer Abschied, den ich innen spürte, denn in meinem Herzen waren sie immer bei mir. Ich gönnte meinen Kindern das größte Glück und die dazugehörige Zufriedenheit. Sie würden es aber nur erfahren, wenn ich es mir selbst auch gönnte. „Dein Glück ist auch mein Glück", sagt ein bekannter Spruch. Es lag für mich damals eine sehr tiefe Weisheit in dieser Aussage. Zuerst musste ich zu mir selbst finden, meinen eigenen Weg gehen, dadurch sahen und spürten meine Kinder, wie glücklich ich war, und das ermutigte sie, sich auch ihren Lebenstraum zu erfüllen.
Es sollte eine Freude für jeden Elternteil sein, wenn Kinder, die das Elternhaus verlassen haben, alleine gut zurechtkommen.

Das ist ein Beweis für die Richtigkeit ihrer Erziehung. Wie beispielsweise deine Kinder ihr Leben selbst gestalten, außerhalb deiner Reichweite, ist nur ihre Entscheidung. Sie müssen eigene Erfahrungen sammeln im Leben. Auch wenn es nicht deinen Vorstellungen entspricht, wie sie leben, haben sie doch ein Recht auf ihren eigenen Lebensstil. Du hast ja auch irgendwann einmal deine eigenen Erfahrungen gemacht. Jetzt sind deine Kinder dran, das Gleiche zu tun, denn auch sie wollen eigenständig sein.

Fühle dich in deine Kinder hinein, spüre das, was *sie* wollen, nicht das, was du willst! Erfülle ihnen den Wunsch, selbstständig werden zu dürfen. Es sind deine Kinder, die du von ganzem Herzen liebst. Wenn du meinst, ihnen Vorhaltungen machen zu müssen, weil sie sich nicht oft genug bei dir melden, überlege besser genau: Es ist nur *deine* Unzufriedenheit.

Ich fragte mich oft, warum Kinder beizeiten von zu Hause weggehen, warum es oft Streit zwischen Eltern und heranwachsenden Kindern gibt. Ich nahm an, dass erwachsene Kinder nicht mehr einverstanden sind, gemäß der alten und verhärteten Verhaltensmuster der Eltern zu leben. Ich hatte mehrmals beobachtet, dass Eltern mit aller Macht und mit Unnachgiebigkeit versuchten, den eigenen Kindern Überholtes aufzubürden. Warum?, fragte ich mich. Als Vater wusste ich selbst, dass ich in einer ganz anderen Gedankenwelt lebte als meine Kinder. Das war normal, ich musste nur versuchen, mich in die Heranwachsenden hineinzufühlen. Gewalt und Androhungen von Strafen waren nicht die richtigen Mittel, um sie zu erziehen, schon gar nicht, wenn sie schon erwachsen waren.

Herzensgüte und Herzenswärme waren vielmehr gefragt, um ihnen den Schritt in die nächste Stufe der Lebensfreiheit zu erleichtern. Das war die beste Sprache für Heranwachsende. Ich verstand meine Kinder als eine neue Generation mit neuen Lebensmustern, neuen Lebensideen und demnach anderen Gefühlen. Kinder, die zu wenig Zuneigung und Liebe im Elternhaus erfahren hatten, brachen meist viel zu früh aus, das hatte ich oft bei anderen Familien gesehen. Sie hatten Sehnsucht nach dem, was sie wirklich gebraucht hätten, aber leider nicht erfahren durften: Harmonie, Gelassenheit und Verständnis füreinander. Nähe und Liebe waren das, was sie am meisten vermissten.

Natürlich hatte ich selbst nicht immer alles perfekt beachtet in dieser Hinsicht. Ich hatte ja selbst eine „unstimmige" Kindheit gehabt und konnte somit bloß nach bestem Wissen und Gewissen versuchen, meine Kinder zu erziehen. Die Erfahrungen, die ich selbst gemacht hatte, waren ja die einzige Basis für das, was ich an sie weitergeben konnte. Im Nachhinein wurde mir allerdings vieles klar, auch, dass ich nichts an sie weitergeben konnte, was ich selbst nicht erhalten hatte von meinen Eltern, die es wiederum selbst nicht von meinen Großeltern bekommen hatten und so weiter. Es war eine Kette ohne Ende.

Liebe wird oft verwechselt mit Fürsorge und Angst. Man richtet mit dieser Einstellung zum Leben mehr Schaden als Nutzen an. Sich um jemanden zu sorgen, meist eben um die eigenen Kinder, und ständig aufzupassen, dass ihnen auch ja nichts passiert, macht einen aber letztlich nur selbst krank. Viel wichtiger ist es doch, sich wirklich genug Zeit zu nehmen für die Kinder, denn das kann man später nicht mehr nachholen. Deshalb ist das das Wichtigste überhaupt: Schenke deinen Kindern deine Zeit und deine Aufmerksamkeit, egal, ob sie noch klein oder schon längst groß sind!

Ich selbst erkannte das erst spät im Leben, aber ich war fest entschlossen, alle alten Gedankenmuster zu durchbrechen, meine Denkweise zu verändern und aus dem Hamsterrad herauszutreten, in dem schon die Generationen vor mir gesteckt hatten. Oft reichte es schon aus, wenn ich genau das Gegenteil von dem dachte oder tat, was in meiner Familie normalerweise üblich war. Das bewirkte oft sehr schnell Erleichterungen oder Entspannungen. Ich musste einfach meine Aufmerksamkeit auf den Moment legen, statt ständig zurückzublicken und die Vergangenheit zu befragen.

Um diese Erkenntnis umzusetzen, las ich Unmengen von Büchern, denn es fiel mir schwer, tiefer zu begreifen, was genau „Moment" bedeutete. Und dann musste ich das, was ich gelesen hatte, selbst erfahren, denn Worte allein machten es ja nicht. Ich las manche Bücher sogar mehrmals, um den Inhalt nicht nur theoretisch zu verstehen, sondern auch ein praktisches Gefühl dafür zu bekommen. Und als ich dann verstanden hatte, was gemeint war, fing ich an, damit zu arbeiten. Ich versuchte, dieses Verstehen in mir selbst auszuloten. Erst dann, wenn auch mein Körper jedes Wort verstand, konnte ich wirklich sagen, dass ich etwas gelernt hatte. Dann erst bestand die Möglichkeit, das Gelernte ins Fühlen umzusetzen, meine Wahrnehmung zu erweitern und neu zu handeln.

Es hieß in vielen Texten immer nur: Werde endlich wach und lebe dieses Erkennen und bringe es in dein Leben! Lass die übernommenen alten und verschwommenen Verhaltensmuster los und ersetze sie durch dich, durch dein eigenes Fühlen! Das, was ich lernen sollte, um mich besser zu fühlen, war alles schon vorhanden. Ich wusste aber nicht, wo es „sich versteckt" hielt. Deshalb begab ich mich auf die Suche. Und was ich fand, waren Liebe, Nähe und Geborgenheit. Solange aber noch meine eigenen Ängste, nicht verarbeitete Wut und Verzweifung dazwischenstanden, konnte ich diese wunderbaren Eigenschaften nicht erreichen. Ich musste erst alles Alte loslassen, um mich zu verändern, um lieben zu können.
Jeden angstvollen Gedanken, der sich einschlich, musste ich immer wieder wegschicken, immer und immer wieder, bis sich das Gedankenrad nicht mehr so schnell drehte. Mein Durchhalten wurde oftmals auf die Probe gestellt. Ich war mir selbst immer wichtiger geworden im Laufe dieser Phase, deshalb konnte ich irgendwann mit meinen Zweifeln besser umgehen. Ich wollte nicht den Fehler begehen, mich von negativen Gedanken beherrschen zu lassen, mich einer Fremdbestimmung hinzugeben. Ich brauchte viel Zeit, um meine negativen Gewohnheiten durch positivere Erfahrungen zu ersetzen. Mir diese Zeit bewusst zu nehmen, war eine große Herausforderung, die ich an mich selbst stellte. Das bedeutete, monatelang, früh und abends immer und immer wieder dasselbe Denken zu korrigieren, mindestens dreißig Minuten lang, ganz alleine für mich im stillen Kämmerlein. Das Loslassen dieser alten Gedankenlast wollte ich um jeden Preis schaffen. Worauf

hatte ich mich da eingelassen? Das schaffte ich nicht nur in einem Augenblinzeln. Doch wie würde es dann aussehen in ein oder zwei Jahren, wenn ich es geschafft haben würde? Wie mir schien, waren die Dinge in mir ziemlich fest verankert. Und ich konnte sie nicht so leicht von meiner Seele ab radieren. Sie verlangten regelrecht körperlichen Einsatz. Es war eine harte Arbeit an mir selbst – tagein, tagaus, vom Morgen bis zum Abend, wenn ich erschöpft in den Schlaf fiel. Das nannte ich dann mein ausdauerndes und durchgreifendes Selbst-Training. Nach und nach veränderte sich dann tatsächlich einiges in mir. Wie und was da vor sich ging? Davon hatte ich weder eine Ahnung, noch hätte ich es beschreiben können. Jeder Tag fühlte sich für mich anders an. Auch jede Nacht schlief ich unterschiedlich ein. Wie es schien, stand in der ersten Zeit alles auf dem Kopf in mir. Ich blieb unentwegt an mir dran und streichelte meine Seele, so gut ich es vermochte. Ich wurde plötzlich mit Gefühlen konfrontiert, die ich bisher nicht gekannt hatte. Aller Wahrscheinlichkeit nach hatte sich etwas tiefschürfend in mir „durchgearbeitet" und gelöst. Was es auch gewesen sein mochte, ich wusste es nicht. War ich einmal mittendrin in diesem Prozess, konnte ich vor lauter auftauchender Freude nicht wieder aufhören. Ich geriet in einen Zustand des Getragen-Seins. So hoch war ich noch nie geflogen, es war ein noch nie dagewesener Ausnahmezustand. Was einerseits tiefe Schmerzen aus meinem Inneren hervorholte, war andererseits erhebend und zeigte eine anhaltende Wirkung. Mich jedenfalls forderte es jeden Tag aufs Neue, aber diese Anstrengung hat sich zu hundert Prozent für mich gelohnt. Ich wollte nie wieder

in mein altes Leben zurück. Es fügte sich eins ins andere, ich kam in einen neuen Lebensfluss. Mit der Zeit wurde dann alles viel leichter, alles geschah von alleine. Es kam mir manchmal so vor, als würde ich irgendwo im Weltall schweben und nur noch mich selbst haben. Es war die reinste Wohltat.
Ich war endlich frei, wenigstens für regelmäßige Momente. In diesen Sekunden und Minuten fand ich alte Träume wieder, die ich einmal gehabt, aber nicht umgesetzt hatte. Ich beschloss, damit nun anzufangen. Meine Träume, ja, die wollte ich Stück für Stück verwirklichen. Und wenn die Momente vorbei waren, klopften wieder die Zweifel an meine Tür und versuchten, mich umzustimmen: Diese Nummer ist etwas zu groß für dich! Steig aus, noch ist es nicht zu spät! Papperlapapp! – Viel zu oft waren meine kleinen Zweifler am Werke und warnten mich, doch noch aufzugeben. Ich musste also durchhalten und einfach alles ignorieren, was sie mir auftischten. Das hieß, meinen Willen auf keinen Fall aufzugeben. Ich hatte immer im Hinterkopf, ein erfülltes und glückliches Leben führen zu wollen. Jetzt bot sich die einmalige Chance, das zu tun, ich war ganz nahe dran. Was gab es denn Schöneres, als mit mir selbst im Einklang zu sein? Ich brauchte in dieser Phase etwa drei bis vier Monate, bis ich einigermaßen Klarheit in meinem Kopf geschaffen hatte. Ich hatte einen Dauerdialog mit meinem Ego geführt. War ich froh darüber, endlich die Kurve gekriegt zu haben! Wäre alles beim Alten geblieben, wäre mein Leben voll gegen den Baum gelaufen, davon war ich längst überzeugt.
Denke darüber nach: Etwas Schöneres und Erfüllteres kannst du dir nicht wünschen, als eine lachende Seele zu haben. Du

spürst überhaupt deine eigene Seele so deutlich wie nie zuvor. Du wirst es kaum glauben, wie sich dein Gesamtzustand verändern wird. Endlich wirst du innerlich zur Ruhe kommen. Du wirst endlich das gefunden haben, wonach du gesucht hast. Jedenfalls fühlte es sich für mich in der ersten Zeit so an. Ich war sehr glücklich über jeden Tag, an dem ich in Verbindung zu meiner Seele stand, und ich freute mich jeden Abend darauf, es am nächsten Tag wieder zu erleben.

> **Überlasse alles Denken und Reden deinem Herzen und nicht deinem Ego!**

BEZIEHUNG ODER ICH?

Vor vielen Jahren hatte schon Oscar Wilde in einem seiner Bücher geschrieben: „Sich selbst zu lieben, ist der Anfang einer lebenslangen Leidenschaft." Schon damals hatten einige Menschen also gewusst, was es mit der Liebe auf sich hat. Dabei lagen sie nicht mal so verkehrt. Die Leidenschaft zu sich selbst ist der Schlüssel zur wahren Liebe. Ich glaubte und fühlte selbst auch, dass ich Liebe in ihrer Tiefe und Wirklichkeit nicht anders erfahren könnte, als sie in mir selbst auszugraben. Die Liebe wollte erst in mir selbst gelebt werden, bevor sie ein anderer empfangen könnte.

Gerade bei diesem Thema spielte das Ego doch verrückt: Ich will eine Blondine als Frau und noch eine Freundin dazu! Ich möchte eine Rothaarige lieben! Ich will ungebunden sein! So, wie man ein Haus, ein Auto, einen tollen Job und eine Menge anderer Dinge wollte, stürzte man sich auch in die Gier nach Liebespartnern. Das Ego machte einem weis, erst dann glücklich sein zu können. Ich möchte …, ich brauche …, ich will … STOPP!

Nach diesem vielen Wollen und Brauchen, das auch mich bisher getrieben und aus dem ich nicht herausgefunden hatte, war es gar nicht so leicht, noch zu erkennen, was ich *wirklich* brauchte. Für mich ergab sich folgende Frage: Wer ist der wichtigste Mensch in meinem Leben? Solange ich das noch nicht für mich geklärt hatte, würde ich wohl nie erfahren, wonach ich wirklich Verlangen hatte. Ich fragte mich jeden Tag neu nach meiner *inneren* Meinung, mit der Hoffnung, sie irgendwann zu erfahren. Mein Wunsch war es natürlich, eine gute Partnerschaft zu haben. Für mich hieß das vor allem, dass das Äußere und das Innere gut zusammenpassen. Ich wollte eine Beziehung, in der nicht gestritten wird. „Zickenalarm" war nicht mein Ding. Hobbys, Meinungen und Handlungen sollten größtenteils übereinstimmen. Der Sex sollte zufriedenstellend und ausgewogen sein. Und sonst sollte jeder das tun können, worauf er Lust hat, darüber sollte man sich miteinander absprechen und ein gegenseitiges Einvernehmen finden können.

Ich schrieb mir all diese Punkte auf einen Zettel und las sie mir täglich mehrmals laut vor. Es dauerte Wochen, bis ich verstand, dass all diese Punkte *Bedingungen* darstellten, die ich an eine Partnerschaft knüpfen wollte. Das konnte ja nicht funktionieren! Bedingungslosigkeit und Freiheit, so wurde mir klar, waren dagegen bessere Voraussetzungen. Nur so könnte ein Schuh draus werden. Meine Liste klang dagegen irgendwie nach einem Ehevertrag, der den Partnern von vornherein Druck machte. Wie sollten zwei Liebende das ein ganzes Leben lang aushalten, ohne aneinander krank zu werden? Mindestens jedoch schien es mir die sicherste Grundlage

für eine große Unzufriedenheit zu sein, mit einer Anforderungsliste anzurücken.
Nun hatte ich plötzlich verstanden, wie Dinge reibungslos geschehen könnten. Mit Zielstellungen und Anforderungen würde sich wohl kaum eine freie Liebe entwickeln, denn mit erdachten Bedingungen wäre alles zum Scheitern verurteilt. Ich stellte mir immer und immer wieder die Frage, warum es so schwer herauszufinden ist, wie ich ohne diese Bedingungen glücklich sein könnte. Ich konnte auch niemanden dazu befragen, denn alle anderen hatten ja auch nur ihre Listen und wussten im Grunde gar nicht, was sie *wirklich* wollten. Ich begegnete nur solchen Leuten, die genauso wie ich nach derselben Antwort suchten.
Ich saß oftmals an meinem Schreibtisch und schaute träumend aus dem Fenster. Ich sah beispielsweise, wie sich im Baum gegenüber auf einem Ast zwei Amseln trafen. Es sah aus, als ob sie sich zum ersten Mal begegneten. Sie saßen dicht nebeneinander und nickten mit den Köpfchen. Sie hüpften auch übereinander, dann flog jeder wieder sorglos der Sonne entgegen. So einfach, still und leise, konnte ein glückliches Begegnen sein. Jeder hatte sich selbst und jeder wusste, was er wollte. Dies war für mich ein besonderer Eindruck, der mich inspirierte. Ein bedingungsloses Sich-Einlassen auf den anderen, sozusagen auf einem Ast meines Lebensbaumes.
Später konnte ich im Baum gegenüber beobachten, wie leicht und unbeschwert, fleißig und umsichtig dieses Amselpärchen sich ein Nest baute. So einfach konnte es sein! Warum machte sich der Mensch nur immer alles so schwer? Gedanken, meine

Gedanken, waren es, die aus allem ein Problem entwickelten oder eine Sensation erschufen. Und meistens war das Ergebnis Neid, Ärger und Verdruss, um am Ende doch nur wieder vor einem Nichts zu stehen.
Ich erkannte, dass ich vor dem Beginn einer neuen Beziehung als Erstes mich selbst brauchte. Dann würde lange nichts anderes wichtig sein, und dann würde ich noch einmal feststellen, dass ich *nur mich* bräuchte. Das klang zunächst irgendwie sehr egoistisch und auch scheinbar unwahr. Was wollte ich denn mit einer Beziehung zu einer Frau, in der ich *zweimal* selbst vorkäme? Ich hätte es fast als unlogisch bezeichnen müssen. Es war eine erste Idee, die, wie so vieles im Leben, noch nicht ausgereift zu sein schien. Immer trat mit den Erkenntnissen auch das Paradoxe auf, und das ergab dann einen Sinn, immer war das Umgekehrte, das Gegenteil die richtige Fährte. Wie konnte das sein?
Ich versuchte, es zu verstehen, und erklärte mir das wie folgt: Gedanken waren die eine Sache, sie erschufen alles gefühllos und emotionslos. Sie waren einfach nur da, um zu denken, ohne irgendeine Empfindung. In einer Partnerschaft könnte ich jedoch keine Stress machenden Gedanken gebrauchen. Wenn schon eine Beziehung, dann sollte sie mir guttun, sie sollte heilsam sein. Sie sollte die Seelen sich nahe sein lassen, sodass man sich selbst im Partner fühlen, finden und erkennen könnte. Und wieder kam ich zu demselben Ergebnis: Ich war der wichtigste Mensch in meinem Leben! Das hieße aber nicht, dass ich täglich auf den Tisch hauen und losbrüllen würde – nach dem Motto: Das, was ich sage, wird auch gemacht, sonst …!

Mich selbst zu fühlen und wahrzunehmen, mit allen fünf Sinnen, das war der Geschmack meines Lebens. Dieses könnte ich nicht erfahren, wenn ich von meinen Gefühlen getrennt wäre. Solange ich mich selbst verleugnen und über den anderen auch noch bestimmen wollte, ging gar nichts. Würde ich meine Partnerin vereinnahmen und ihr sagen, was sie zu tun und zu lassen hätte, wäre ich mir ja selbst nichts wert.
Selbstliebe war nach meiner neuen Einsicht also der Startblock, von dem aus ich ins Leben und in eine Beziehung springen könnte. Die meisten Menschen stellten sich aber nicht einmal auf irgendeinen besonnenen Startpunkt, sondern rannten einfach kopfüber los, um sich in eine Beziehung zu stürzen, wie man so schön sagt, Und wo landeten sie meistens am Ende? Im Trennungs-Graben. Ich wollte besonnener sein, vorsichtiger. Ich wollte zurück auf meinen Startblock gehen und erst dann losrennen, wenn der Startschuss gefallen wäre: Zuerst musste ich in mich hineinfühlen und herausfinden, in welche Richtung ich überhaupt rennen wollte.
Ich glaubte, wer nach Liebe sucht, bräuchte dazu *keine* Gedanken. Der fände im Finstern das, was er wollte, vorausgesetzt, das Gefühl ginge mit. Ich meinte das *wahre* Gefühl, *mit* den fünf Sinnen. Ich meinte nicht den Umweg, der die rosarote Brille trug, die man innerhalb kürzester Zeit sowieso wieder absetzen müsste. Ich selbst hatte schon mehrmals diese frustrierende Erfahrung gemacht. Auf eine Brille wollte ich mich nie wieder einlassen. Wie oft hatte sie nur ein oder zwei Monate gedauert, diese sogenannte große Liebe! Dann war regelmäßig das „Tschüss!" gekommen. Damit konnte ja keiner

zufrieden sein, damit zurechtkommen, wenn ständig alles, was er für Liebe hält, wie ein Luftballon zerplatzte. In einer Luftblase konnte man nur für kurze Zeit atmen, so viel stand fest. Mein Inneres hatte dann jedes Mal einen Kopfstand veranstaltet und ich war wochenlang neben der Spur gewesen. Nach vielen schrägen Liebes-Illusionen war mir klar: Partnerschaften sind das Schwierigste, was der Mensch in seinem Leben zu bestehen hat!

Sich selbst zu finden und zu lieben, das war der Grundbaustein jeder Partnerschaft.

Eine Aufgabe jedes Menschen hier auf Erden ist es, zu lernen, sich selbst zu lieben. Als mir das einmal ein Freund erzählte, stellte ich an mich die Frage: Geht das überhaupt und funktioniert das wirklich? „Das Leben ist viel leichter, als man denkt", sagte er. „Der Mensch selbst verändert sein Leben täglich mit seinen Gedanken und macht jedes Mal einen Staatsakt daraus. Du musst dich am Anfang nur um dich selbst kümmern. Diese Lebensregel musst du in die Praxis umsetzen." Er hatte recht, auch wenn ich lange brauchte, um es in ganzer Tiefe zu verstehen.

Mit der Zeit sah ich ein, dass ich bislang durch mein Denken ständig in den *Fluss des Lebens* eingegriffen hatte. Unwissend zwar, aber in der naiven Hoffnung, für alle nur Gutes zu tun. Diese Unwissenheit ergab sich oftmals aus meiner falschen Einschätzung einer Situation oder eines anderen Menschen. Mein aufgezwungenes Helfen schwächte den anderen bloß und mich auch, es brachte keinerlei Nutzen. Ich musste erst

für mich erkennen, dass ich nur an mir selbst *arbeiten* konnte, etwas aus mir *machen* konnte. Damit war kein Studium oder Doktortitel gemeint, sondern eine *mentale Veränderung*.
Das allein ist der glücklich machende Weg. Vorher brauchst du keine Beziehung mit irgendwem anzufangen, denn es wird sowieso nur ein Hin- und Herziehen daraus. Baue dir die Möglichkeit für eine heilsame und glückliche Partnerschaft auf, indem du anfängst, den Grundstein *bei dir zuerst* zu legen! Wie lange es auch dauert, spielt keine Rolle. Lass den anderen so, wie er oder sie ist, dann entsteht schon etwas mehr Zufriedenheit in dir. Und diese Zufriedenheit befreit dich wiederum von deinen Ängsten. Bist du deine Ängste erst einmal los, dann kann das Glück bei dir einziehen und du bekommst eine wahre Chance auf Liebe.

> **Wenn Herzen miteinander reden,**
> **spricht aus den Worten Liebe.**

TABLETTEN SCHLUCKEN

Ich bemerkte oft bei Paaren, die unterwegs waren mit dem Fahrrad oder auf Reisen mit der Bahn, dass, sobald einer hustete, der andere schnell die Tasche öffnete und ein Fläschchen Hustensaft herausholte. „Hier, nimm etwas, bevor es noch schlimmer wird!“, hörte ich dann. Der folgsame Ehemann schluckte einen Tropfen chemische Heilung in der Hoffnung, gesund zu werden und gesund zu bleiben. Einen Vorteil bringt die ganze pharmazeutische Schluckerei für den Menschen mit sich: Man gibt die Hoffnung für sich selbst nicht auf. Man glaubt noch an sich, an die Gesundheit und an das Leben.
Und das fand ich ganz toll, denn es gab wenigstens eine Instanz, die dem Menschen Hoffnung machte. Aber auch wenn man sich den ganzen Tag lang mit seiner Krankheit beschäftigt und über sie redet, ist doch meistens nicht klar, dass man seine

Krankheit mitsamt allen Symptomen dadurch unbewusst verschlimmert. Mir kamen oft die Worte in Erinnerung, der eigene Glaube versetze Berge, und das hielt ich für bedeutsam. Dieser Glaube war auch in mir, dass es hundertprozentige Heilung gäbe. Ich probierte es sogar aus und erlebte, dass es wirklich so war.
Ich besuchte beispielsweise keinen Hausarzt mehr und nahm auch keine Tabletten mehr ein. So schnell, wie meine Selbstheilungskräfte mich heilten, so schnell hatte vorher noch nie etwas funktioniert! Die Regeneration meines Körpers begann auf der Stelle, in kürzester Zeit „verließen" Bluthochdruck, Kopfschmerzen, Rückenschmerzen, Ellenbogenbeschwerden, Knieprobleme und Magenschmerzen meinen Körper. Auch mein Zuckerwert pegelte sich wieder auf Normwerte ein. Als ich das alles am eigenen Leib erfuhr, fragte ich mich selbst, ob das noch ich war oder ob mir jemand einen neuen Körper geschenkt hatte. Ich musste mich erst einmal überall am Körper anfassen und prüfen, ob noch alles fühlbar war. Ich hatte zwar manchmal Zweifel und wollte wieder eine Tablette nehmen, fragte ich mich aber dann jeweils: Wozu? Es waren ja nur meine ewigen Gedanken, die mir etwas einflüsterten, die mir sagten, ein Leben ohne Tabletten wäre undenkbar.
Zugegeben: Ich hatte nichts mehr, woran ich mich festhalten konnte, wenn ich die Tabletten wegwarf, aber dafür konnte Gesundheit durch inneres Fühlen und durch Glaube an sich selbst bewirkt werden. Es war für mich sehr schwer, diese Verbindung zu erschaffen. Meine Gedanken lehnten alles Neue ab, weil sie es nicht kannten. Denn alles, was ihnen fremd war

und nicht durch ihre Denkerei entstand, behafteten sie mit Ängsten. Das machte mich aber bloß noch neugieriger und ich beschritt noch absichtlicher den anderen, den *inneren* Weg. Und was ich dabei erlebte, war unglaublich. Ich hätte ein Freudenfest für mich selbst feiern mögen, um mich bei meinen Selbstheilungskräften zu bedanken.

Die Kraft des Glaubens an mich selbst verschaffte mir einen enormen gesundheitlichen Umschwung. So viele kleine und große körperliche Wunder hatte ich nicht für möglich gehalten. Meine Erfahrungen mit der selbstheilenden Reaktion meines Körpers sind kaum in Worte zu fassen.

Ich hatte inzwischen vieles über mich selbst erfahren, beispielsweise, dass, wenn ich immer nur Frust, Ärger und Unzufriedenheit über einen längeren Zeitraum in mich hineinfraß, meine Seele irgendwann diesen Schmerz nicht mehr ertrug und die Belastung an den Körper weitergab, der dann eben krank wurde oder Symptome zeigte. Innere Verzweiflung zog Depression, Allergie, Demenz, Krebs, Herzinfarkt und vieles mehr nach sich. Ich wusste, wenn ich meine Gedanken veränderte, würde das mein inneres Wohlbefinden wieder aktivieren und die Heilungskräfte freisetzen, die ich, so wie jeder Mensch, in mir trug. Es war keine leichte Aufgabe, aber ich musste es nur wollen und umsetzen.

Es hatte sich eindeutig zu viel negativer Gedankenmüll in meinem Körper angesammelt. Im Laufe der Jahre war dieser Müll zu schwer geworden und unter dieser Last war mein Körpersystem allmählich Stück für Stück zusammengebrochen. Gedanken konnten also buchstäblich uner*träg*lich, un*trag*bar,

nicht mehr länger *trag*bar sein. Da spielte die Zeit für meinen Körper gar keine Rolle, voll war voll und genug war genug. Mein Körper wollte sich einfach nur „entmüllen". Das Leiden war zu groß geworden.
Da sich bei mir immer mehr Schmerzen einstellten und ich zunehmend ein ungutes Gefühl hatte, erfüllte ich schließlich meinem Körper den Wunsch und gab ihm die Zeit, die er brauchte, um sich zu reinigen und zu regenerieren. Ich nahm zu diesem Zweck vor allem das Gas in meinem Lebensalltag weg. Das hieß, mich einfach etwas zurückzunehmen und tiefer durchzuatmen. Wenn ich spürte, dass mir etwas zu viel wurde, unterstützte ich meinen Körper, legte mich auch mal ein bis zwei Tage ins Bett oder machte eine Schwitzkur. Dabei überließ ich meinem Körper die Führung, ohne Medikamente zu nehmen. Dampfbad war angesagt, Tropfen auf pflanzlicher Basis zur Unterstützung des Immunsystems waren eine gute Alternative.
Ich selbst hatte mir diesen Gedankenmüll aufgeladen und ich selbst musste diesen Kram wieder loswerden. Um aus diesem Hamsterrad herauszukommen, genügte es natürlich nicht, mich bloß in die Sonne zu legen und ein bisschen mit den Augen zu blinzeln. Körperliche Anstrengung und Durchhaltevermögen waren dabei schon gefragt. Mein kleines Trampolin half mir dabei, außerdem tägliches zwanzigminütiges Gehen an frischer Luft und ausreichend Bewegung. Das brachte meinen Körper wieder in seine Kraft und aktivierte mein Energiereservoir.
Ich konnte meinen desolaten Zustand am Anfang nicht gleich begreifen, aber ich spürte, dass etwas aus dem Gleichgewicht

geraten war. Ich fühlte mich leer, ausgelaugt und „erledigt". Ich bemerkte, dass meine Batterie runter war. Ich war geschwächt an den Tagen und in den Nächten hustete ich lange und verbrauchte paketweise Taschentücher. Ich beschloss, allem seinen eigenen Lauf zu lassen, alles buchstäblich geschehen zu lassen und bloß aufmerksam zuzuschauen, was mein Körper „sagte". Auf diese Art bemerkte ich schon nach zwei Wochen, dass sich mein Körper leichter anfühlte. Ich hatte nichts mit Macht versucht, keine Tabletten oder andere Medizin geschluckt, um mit Gewalt wieder fit zu werden. Ich hatte nur „gewartet", bis sich meine eigenen Selbstheilungskräfte aktivierten und sich mein Körper erholte.

Mein Körper hatte mir ganz deutlich angezeigt, dass er eine Veränderung wünschte. Und jetzt half ich ihm dabei, indem ich ihn einfach husten ließ, damit rauskam, was er loswerden wollte, loswerden musste. Die Erleichterung, die sich bald einstellte, war sehr beeindruckend. Ich fühlte mich fast wie neugeboren. Es war kaum zu glauben. Ob die Ursachen schon in der Kindheit zu suchen waren oder ob sie sich später im Laufe der Erwachsenenjahre eingeschlichen hatten, wusste ich zwar nicht, aber ich hielt beides für möglich. Jedenfalls hatte sich das innere Aufräumen gelohnt, mein Körper dankte es mir reichlich mit Wohlbefinden.

Beschließe einfach jetzt sofort, deinen körpereigenen Fluss niemals mehr zu unterbrechen, denn er trägt zu deiner nachhaltigen Gesundung bei. Solange du deinem Körper folgst, solange folgst du deinem Instinkt und deiner Intuition. Dieses wiederum erzeugt auch in deiner Seele Freude am Leben. Nur

dein eigener Körper weiß, was du für dein Wohlbefinden wirklich brauchst, und dein heilsames Einfühlen im Zusammenspiel mit den Selbstheilungskräften lässt dich im Nu wieder zu Kräften kommen.
Um deine Seele zu streicheln, sage ihr täglich, so oft, wie es geht, ein paar liebe Worte:

> **Ich bin gesund**
> **und mir geht es gut.**

IMMER NUR STRESS

Ein Freund leitete seit über zwanzig Jahren zwei Firmen und das war letztlich auch sein ganzes Leben. Es gab für ihn tagtäglich nur puren Stress und unermesslichen Zeitdruck. Seine Gedanken kreisten Tag und Nacht nur um die Firmen. Er hatte mit Existenzängsten zu kämpfen, hatte Kredite zurückzuzahlen, musste jeden Monat eine hohe Miete erwirtschaften und die pünktlichen Lohnzahlungen und Materialkosten. Er war in Schwierigkeiten, wenn Kunden ihre Rechnungen nicht bezahlten und hatte Mühe, immer genug Aufträge zu bekommen. Die Kreisläufe seiner Anstrengungen nahmen nie ein Ende. Sein Kopf war voller hektischer Überlegungen und sich überschlagender Gedanken. Manchmal konnte er sich nicht mehr ausreichend konzentrieren, um überhaupt die eigentlichen, hauptsächlichen Aufträge abzuarbeiten. Sein ganzes Tun wurde von seinen eigenen Ängsten überschattet. Er erlitt mehrere nervliche Zusammenbrüche, von denen er sich allerdings immer wieder in kurzer Zeit „erholte".

Oft erzählte er mir von seiner Belastung und seinen Empfindungen. Es kam mir dann vor, als ob jemand hinter ihm herliefe und jede Sekunde sagte: Du musst dies, du musst das, du musst jenes! Ich spürte, wie genervt er war und so gut wie nie Ruhe hatte vor all seinen Verpflichtungen. Am liebsten hätte er ganz laut geschrien vor Verzweiflung, und mir war irgendwann klar, dass er da alleine nicht wieder herauskäme. Er war in seinen eigenen Gedanken so eingesperrt, dass er nicht einmal bemerkte, in welche Tretmühle er da geraten war. Er wusste weder, wer oder was diese Tretmühle anschob, noch, wo die Bremse war. Nach ungefähr fünfzehn Jahren in seiner beruflichen Hölle erkannte er, dass er die Dinge nicht wirklich unter Kontrolle hatte, dass er seine Situation im Außen nicht verändern konnte. Sein Grundlebensgefühl hatte sich nur noch auf einen einzigen Leidensaspekt zusammengeschoben: Ich habe keine Zeit!

Das Paradoxe an seinem chronischen Zeitmangel war, dass Zeit gar nicht zu wenig vorhanden sein konnte. Zeit war also weder die Lösung für seine Probleme, noch konnte Zeit ihn von irgendetwas erlösen. Zeit war weder schnell noch langsam, weder zu wenig noch zu viel. Jeder Tag hatte eben seine vierundzwanzig Stunden. Tage waren nur einfach vergänglich, nicht mehr und nicht weniger. Egal, wie hektisch und unkontrolliert mein Freund mit seinem Arbeitstag umging, er konnte auf keinen Fall schneller sein als die Zeit.

Normalerweise sollte man mit dem Sonnenaufgang die Augen öffnen, also aufstehen, und gut gelaunt den Tag beginnen. Und bei Sonnenuntergang sollte man zu Bett gehen

und schlafen. Das wäre aus meiner Sicht eine normale Reaktion des Körpers auf Licht. Bekommt der Körper *zu wenig* Licht, verlangsamt sich natürlich auch sein Stoffwechsel und gleichzeitig seine Organtätigkeiten, dann schaltet er in einen Ruhemodus. Die Erfindung des elektrischen Lichts hatte jedoch für viele ständig die Nacht zum Tag gemacht, arbeitsbedingt sowieso, das kannte man ja nicht anders.
Menschen wie mein überarbeiteter Freund folgten überhaupt keinem natürlichen Rhythmus mehr – weder auf Tag und Nacht bezogen, noch hinsichtlich Sommer und Winter. Sie versuchten, immer gleich viel aktiv zu sein und kümmerten sich nicht um Ruhephasen oder Regenerationspausen für Seele und Körper. Aber nach meiner Auffassung würde früher oder später jeder Körper dafür büßen müssen. Dann kämen all die Beschwerden, immer schlimmer werdend: Bandscheiben, Migräne, Burn-out und dann Herzinfarkt, Krebs, etc. ... Das könnte man sich doch denken, wenn man eins und eins zusammenzählen würde.
Der Mensch, ganz allgemein, griff in den natürlichen Fluss seines Lebens ein und wollte ihn immer und immer wieder verändern, optimieren. Warum erkannte er nicht, dass das eine Selbstlüge war? War der materielle Gewinn wirklich so groß, dass man darauf verzichten konnte, auf die eigene Gesundheit zu achten? Dabei bräuchte man nur in die Natur zu schauen: Sie war doch stark genug, um ständig diesen unermesslichen Reichtum hervorzubringen und trotzdem alles in einem gesunden Rhythmus und Fluss zu halten. Warum schaffte das also nicht auch der Mensch?

So, wie mein Freund, hatte ja auch ich bislang damit zu kämpfen gehabt, von der natürlichen Spur abgekommen zu sein und nicht mehr zurückzufinden. Ich hatte nicht gewusst, dass ich mir das alles selbst erschaffen hatte und nun einfach bloß aus dem Hamsterrad aussteigen musste. Wie lange schon hatte ich selbst so gelebt, ohne Rhythmus, ohne Erfrischung, ohne nachhaltige Erholung? Jeder hatte selbstverständlich seine eigene Bremse, und was mich betraf, musste ich nur das Pedal finden: meine Monotonie abschaffen, die Getriebenheit unterbrechen, mich einfach nur umdrehen und in die andere Richtung laufen. Nur so würde ich wieder ganz gesund werden. Ich musste mit meinem sturen Ego ein paar ernste Worte reden und das Zepter wieder selbst in die Hand nehmen.
Ich veränderte alles: meine Lebensgewohnheiten, die Abläufe in meinem Alltag, den Umgang mit mir selbst und mit anderen. Ich fing an, mir die Zeit für all das konsequent zu nehmen, sonst würde es mir nicht anders als meinem Freund ergehen. Ich versuchte, in ein besseres inneres Gefühl zu gelangen. Ich ertrug es einfach nicht länger, täglich unzufrieden zu sein, unter Ängsten und Ärger begraben zu sein. Ich wollte endlich Ruhe und Frieden in mir fühlen, und zwar nicht erst auf dem Sterbebett! So viel war sicher. Ich fing an, meine Gedanken zu ordnen, nur noch das gedanklich aufzunehmen, was mir guttat. Ich teilte meine vierundzwanzig Stunden kurzerhand durch drei und verbrachte jeweils acht Stunden bewusst mit Schlaf, Freizeit und Arbeit.
Das ist übrigens eine leichte Rechenaufgabe mit einer großen Wirkung. So sieht es die Natur des Menschen ja auch vor.

Wenn du ein ausgewogeneres und ausgeglicheneres Leben lebst, wirst du tatsächlich wieder gesund! Du erfährst mehr Liebe zu dir selbst, die dich zum ersten Mal im Leben richtig glücklich macht.

> **Liebe erfährt man nur in sich selbst.**

MITGEFÜHL STATT MITLEID

Dies waren zwei kräftige Worte, die ich eine Zeit lang nicht richtig einordnen konnte, deren Bedeutung ich zunächst für gleich hielt. Den gewaltigen Unterschied, den es zwischen Mitgefühl und Mitleid tatsächlich gibt, erkannte ich erst in der Zeit, als ich mich tiefer mit meinem Innenleben auseinandersetzte. Bislang hatte ich immer bloß alle Bekannten und Freunde *trösten* wollen, die mir von ihrer Unzufriedenheit und dem Ärger, den sie hatten, erzählten. Doch ich musste bald feststellen, dass es nicht wirklich half, wenn ich versuchte, etwas „Helfendes" zu sagen, weil ich dann selbst ganz gefangen war in meinem Mitleid mit ihnen und dem Schmerz, den ich sozusagen mitempfand.

Ich *trug* durch mein Mitleid den Schmerz der anderen *mit* und fühlte mich dann genauso schlecht wie sie. Ich fühlte mich genauso wie sie nicht angenommen, obwohl es mich gar nicht

wirklich betraf. Warum? Ich stieg selbst hinab in das schmerzliche Jammertal der anderen und das machte mich irgendwann seelisch krank. Dass ich eigentlich nur helfen und jemandem Gutes tun wollte, das tief erfahrene Leid des anderen nur zu mildern versuchte, erschien mir zwar normal, aber der Weg schien nicht zu stimmen. Ich verkannte die Situation vom Gefühl her total. Ich wollte mit meiner Anteilnahme trösten, jedoch geriet ich dabei selbst in eine Verzweiflung. Irgendwie verstärkte meine Anteilnahme das Ganze nur noch mehr.
Ein „Rettungsanker" wollte ich sein in der höchsten seelischen Not anderer. Ich wollte wieder Ordnung schaffen im gedanklichen Durcheinander anderer. Es musste wohl so sein, dass andere mich für stärker hielten, als sie selbst waren, und deshalb wendeten sie sich vertrauensvoll an mich, um Hilfe zu erfahren. Ich wollte dann *ihr* Seelenheil wiederherstellen. Dabei erfuhr ich so viel Traurigkeit und Unwohlsein, dass ich selbst damit nicht zurechtkam. Die Traurigkeit der anderen klang für mich oftmals wie ein ganz leises Flehen, was erhört werden wollte. Jemand fühlte sich einsam, hatte seinen Selbstbezug verloren. Ich musste erst verstehen lernen, dass jemand, der kraftlos geworden war und in einer inneren Welt der Angst und Trauer lebte, sich vor allem nur *selbst* helfen konnte. Er musste sich selbst erkennen, um aus dieser misslichen Lage wieder herauszufinden. Selbst der beste Freund könnte mit tausend Ratschlägen keine Lösung für ihn finden. Die Antwort wäre immer nur er selbst. Die verloren gegangene Kraft kannst du nur in dir selbst wiederfinden. Dazu ist deine innere Bereitschaft nötig, dich selbst zu hinterfragen und deine eigene Situation

so anzunehmen, wie sie ist. Erst wenn dir bewusst wird, in welche Situation du dich selbst mit all deinen negativen Gedanken gebracht hast, wirst du auch wieder über deine Gedanken aus ihr herausfinden, aber über positive Gedanken. Schlage genau den entgegengesetzten Gedankenweg ein, dann werden sich all deine Lebensumstände bald verändern.

Natürlich kannst du das nicht von heute auf morgen erreichen. Um genau zu wissen, welcher der richtige Gedankenweg ist, musst du deine Gedanken *kontrollieren*, täglich, stündlich, im Minutentakt. Immer dann, wenn neue Gedanken dir etwas sagen wollen, solltest du Abstand nehmen von ihrem Eifer, dem Ego-Eifer, Ego-Ehrgeiz. Achte einfach mehr auf dein Gefühl, verlasse dich auf das, was dein Bauch dir sagt!

Ich hatte inzwischen eine Menge über Intuition gelesen und beispielsweise erfahren, dass der Bauch in Forscherkreisen als das „zweite Gehirn" bezeichnet wurde: Das, was in diesem zweiten Gehirn passiere, sei von größter Wichtigkeit. In der Körpermitte jedes Menschen befände sich das Zentrum der inneren Orientierung, der sogenannte „Solarplexus". Von dort aus lenke der Mensch seine Geschicke und das wäre erfüllender als das, was er versuche, mit seinen Gedanken zu erreichen und zu erschaffen.

Menschen, die sich in Schmerz und Leid befanden, zogen immer wieder Personen mit ähnlichen Erfahrungen an. Das hatte ich ja bereits mehrfach erlebt, wenn meine vermeintlichen Hilfsaktionen dazu geführt hatten, dass ich am Ende selbst todtraurig war. Ich las irgendwo, dass man das das „Gesetz der Resonanz" nannte, das man erkennen müsste, um sich

daraus zu lösen. Ich versuchte es mit Reden, *viel* Reden war ein Ausweg für mich. Eine Situation von allen Seiten zu betrachten, half mir dabei, einen besseren Überblick zu bekommen.
So entdeckte ich bald den gravierenden Unterschied zwischen Worten des Mitgefühls und Worten des Mitleids. Die Worte „Mitgefühl" und „Mitleid" sind völlig verschieden zu deuten und deren unwissentliche Verwendung bewirkt oft das Gegenteil von dem, was man eigentlich will. Ich probierte also verschiedene Herangehensweisen aus, um diesen Unterschied wirkungsvoll einzusetzen. Wenn ich beispielsweise mit *Anteilnahme* sprach, zeigte das dem anderen gegenüber Respekt, obwohl ich in innerem Abstand zu seinem Leid bleiben konnte. Toleranz spielte natürlich auch eine große Rolle. Ich musste vor allem *ganz bei mir* bleiben, wenn ich mich mitfühlend einem anderen zuwendete.
Dinge ereigneten sich oder passierten, das wusste ich ja inzwischen schon gut, weil sie im Lebensfluss so eingeordnet und richtig waren, auch wenn man es nicht gleich verstand. Es gab für mich keine *Zufälle*. Alles, was geschah, wertete ich als lebensfördernd, denn in allem lag irgendwo eine Lernaufgabe für mich versteckt. Jede Erfahrung brachte mich immer einen Schritt weiter in meinem Leben. Alle Ereignisse und Begegnungen im Alltag waren bloß der *Spiegel* meines eigenen Innenlebens. Ich versuchte also, das täglich Erlebte stets zu hinterfragen und mir bewusst zu machen, welche „Botschaft" es für mich bereithielt.
So ging ich auch vor, wenn es sich um Dinge handelte, die einen anderen betrafen. Egal, wie nah oder fern sich die Sache

für mich selbst anfühlte, suchte ich darin die Botschaft, die an den anderen gerichtet war. Wenn ich auf diese Weise einen angemessenen Abstand hielt zu der Sache, sie also *nicht persönlich* nahm, konnte ich auch viel Mitgefühl entwickeln für die Betroffenheit des anderen. Ich war in der Lage, ihm großen Respekt und volles Vertrauen entgegenzubringen, ihm Mut und Kraft zuzusprechen, sodass derjenige selbst in der Lage sein konnte, einen Ausweg für sich zu finden. Im Grunde konnte ja nur jeder in sich selbst den Ausweg entdecken, in seinem eigenen Bauch.

Ich konzentrierte mich darauf, dabei immer zu bedenken, dass ich durch mein Reden den anderen niemals einschränken, weder mit Vorwürfen noch mit Empfehlungen überzeugen durfte. Ihm musste unbedingt der Freiraum bleiben für eigene Entscheidungen. Erst wenn er diese für sich getroffen hatte, würde unser Miteinander-Reden den gewünschten Erfolg haben. Alles andere wären nur bloße Erklärungen und mehr nicht. Erst dann, wenn im anderen seine eigene Handlungsebene angesprochen würde, wäre auch eine Veränderung in Sicht. Einen besseren Weg gab es nicht zu finden.

Aber ich brauchte längere Zeit, dies zu begreifen und dann auch noch umzusetzen. Wie schnell war ich immer gewesen, kluge Ratschläge zu geben, die nicht selten sogar in einem Unverständnis des anderen gelandet waren. Jeder dachte am Ende doch nur für sich selbst richtig. Für den anderen war meine Meinung eben nur meine Sicht auf die angesprochenen Sachverhalte. Meistens hing man ja fest in seinem eigenen Jammertal, erkannte nicht diese selbst erschaffene Situation.

Ängste trieben einen dann von einer Ecke in die andere und man war verfolgt von der Verzweiflung und dem Unmut, etwas zu verändern. Dabei zog man andere, die selbst womöglich mental gar nicht sattelfest waren, meistens ungewollt in diese verzweifelte Lage mit hinein. Aus so einem Schlamassel wieder herauszufinden, war dann gar nicht so leicht. Ich wollte jedenfalls nicht durch meine eigenen Ängste unbewusst den anderen in mein Jammertal hineinziehen. Was hätte ich dabei auch gekonnt? Ich hätte meine Gedankenlast, die ich selbst zu tragen hatte, nur verteilt, ja sogar noch vergrößert.
Als mich einmal ein anderer Freund anrief und mir von einer misslichen Lage erzählte, war ich aufgefordert, verständnisvoll zuzuhören. Ich spürte die Ausweglosigkeit, in der er sich gerade befand. Ich versuchte, seine Situation tiefer zu verstehen, um daraus in mir meine angemessene Anteilnahme abzuleiten, die ihm wirklich helfen könnte. Ich suchte nach Worten des Verstehens. Ich blieb gedanklich in seiner Nähe, um ihn innerlich mit meinem zugewandten Zuhören zu „tragen". Ich gab ihm das Gefühl, nicht alleine zu sein. Ich schenkte ihm meine Aufmerksamkeit und er spürte, dass er verstanden wurde. Dadurch fühlte er sich ruhiger. Seine dankbare Reaktion auf meine Worte zeigte mir, dass ich ein wenig seine Seele gestreichelt hatte.
Solche wünschenswerten Worte sind oftmals eine Hilfe im Weiterkommen. Das Erkennen deiner momentan eingetretenen, vielleicht „unerträglichen" Situation ist nicht immer leicht, denn oftmals irrst du dann gedanklich hilflos umher. Findest du einen Menschen, der dir gegenüber objektiv bleibt und

empathisch handelt, kann dieser wirklich deine Seelenstütze sein. Auf keinen Fall darf sich der, der dich stützen soll, in dein Jammertal hineinbegeben. Er muss fähig sein, am Rande stehen zu bleiben, um dir von dort aus die Hand reichen zu können. Eine Umarmung, ein liebes Wort und ein Mut-Machen ist das, was dein Lächeln dann wieder hervorzaubern kann.
Ich musste im Laufe der Zeit lernen, genau zu überlegen, wen ich mit einem Problem „belasten" könnte und wen nicht. Nicht jeder, der mir äußerlich stark erschien, verfügte auch über ausreichend innerliche Stärke. Immer wieder bemerkte ich, dass die Freude, die jemand nach außen zeigte, nicht der Last entsprach, die er im Inneren trug. Wenn ich mich selbst dabei ertappte, dass Innen und Außen nicht in Balance waren, musste ich mich darum kümmern, wieder eine Ausgewogenheit zu erreichen. Ich musste mich fragen: Wo finde ich mentale Unterstützung? Wie kann ich innere Heilung erfahren?

> **Man hilft anderen damit,**
> **dass man ihnen Aufmerksamkeit schenkt.**

URLAUB FÜR GEDANKEN

Im Urlaub „tickte" ich anders und dachte anders, wenn ich es schaffte, meinen Alltag richtig loszulassen. Ich konnte viel leichter auch mal *gar nichts denken*, wenn ich mir vorstellte, dass auch die Gedanken einmal Urlaub hätten. Ich ließ sogar meine alten Gewohnheiten zu Hause: keine Zeitung, keine Fernbedienung. Ich ignorierte den ganzen Urlaub lang einfach mal Handy, Laptop und all das, was mich sonst vom „wirklichen Leben" ablenkte. Das hatte eine Menge Vorteile, denn es gab plötzlich eine Menge Zeit für neue und schöne Erlebnisse. Ich tauchte ein in die Natur, um den Kopf einmal ausruhen zu lassen und ihn nicht auch noch im Urlaub mit Müll von gestern, vorgestern und morgen bis übermorgen vollzustopfen. Dies waren alles nur die Dinge der anderen, die mir nicht wirklich halfen in meinem Leben. Genau das Gegenteil davon war das Richtige: ein entspannter Urlaub, dem Körper einmal ganz andere Dinge abzuverlangen und zu gönnen, wie Ruhe und Stille – einfach nur da zu sein und zu beobachten, beim Spazierengehen zum Beispiel.

Aber bis es so weit war: Ich hatte mir nie denken können, was das für eine „Anstrengung" sein würde im Urlaub, zumindest in den ersten drei Tagen. Ich war mein eigener Therapeut. Es fiel mir unsagbar schwer, nur eine Stunde auf einem Stuhl zu sitzen und in die Natur zu schauen. Vor mir lag das Meer, die Schiffe im Hafen, eine Kulisse wie im Traum. Aber nein, nach fünf Minuten musste ich hochschnellen und nach der Uhr sehen. Etwas später: Noch zwanzig Minuten, dann gäbe es Abendbrot. Danach den Fernseher einschalten? Als mich das langweilte, las ich Zeitung. An der Bar war ich auch schon viermal am Vormittag gewesen. Ich glaubte, jetzt müsste der Urlaub aufhören, denn zu Hause gab es immer etwas zu tun. Dieses Gedanken-Gezeter ließ mir zuerst keine Ruhe, bis ich dann selbst bemerkte, wie belastend das für mich war. Ich kam einfach mit meiner innerlichen Unruhe nicht zurecht. Ich wusste absolut nicht, wer mich da antrieb, wer mich von einem Ort zum anderen schickte ... Diese ersten drei Tage waren für mich anstrengender, als es Tage auf der Arbeit hätten sein können. Durch Zufall sah ich meinem Zimmer gegenüber Kinder im Garten spielen. Sie hatten einen Jungen an einen Baum gebunden, und nachdem er sich selbst befreit hatte, suchte er die anderen Kinder. Ich wusste ja bereits, dass es keine Zufälle gab, also nahm ich meine mitgebrachte Wäscheleine und band mich selbst auf dem Balkon an einem Stuhl fest. Nach fünf Minuten hatte ich diese Verankerung gelöst und konnte mich wieder frei bewegen. So wird das nichts!, dachte ich mir. Ich schnürte zuerst meinen Stuhl am Balkongeländer fest, aber so, dass ich das Strickende nicht erreichen konnte. Danach

band ich meine Füße an den Stuhlbeinen fest, wickelte mir viermal das Seil um den Bauch und machte einen Knoten auf dem Rücken. Danach versuchte ich, so gut es ging, meine Hände zu fesseln und mit einem Seemannsknoten festzubinden. Ich war ganz zufrieden mit dem Ergebnis. Jetzt ruhte ich mich erst einmal aus und versuchte, nur das Geschehen vor mir zu betrachten. Ich war so gefangen im Miterleben der Dinge, die unten im Hafen passierten, dass ich gar nicht bemerkte, wie die Zeit verging. Als sich nach einer Stunde meine gefüllte Blase meldete, durchfuhr mich der erste Schreck. Auch das Abendessen konnte ich wohl vergessen. Ich musste mich nun selbst ertragen lernen und glaubte, erst dann befreit zu sein, wenn ich verstanden hätte, warum ich das alles machte. Eine Stunde später versuchte ich immer noch erfolglos, die vielen selbst gemachten Knoten zu lösen.
Zum Glück war es eine laue Nacht mit hellem Mondschein. Irgendwie musste ich doch eingeschlafen sein, denn am anderen Morgen weckte mich gegen elf Uhr das Reinigungspersonal und band mich auf mein Bitten hin wieder los. So lecker und köstlich hatte mir noch nie ein Mittagessen geschmeckt. Seit diesem Tag verbrachte ich öfter Stunden auf meinem Balkon, allerdings nicht angebunden. Noch Tage später musste ich über mich selbst lachen. Aber immerhin, es war mir gelungen, mich zur Ruhe zu bringen. Es hatte sich für mich gelohnt, denn mit einem Mal schlug etwas in mir um und der doppelte Erholungseffekt stellte sich ein.
Jedenfalls war diese Variante der Selbstberuhigung bei mir am schnellsten gegangen. Auch später spielte ich in den ersten

drei Urlaubstagen den „Klammeraffen", um meinem Körper zu signalisieren: Hallo, ich bin seit gestern im Urlaub! Damit schaffte ich es, meine Gedanken etwas zu beruhigen, aber auch nur, weil ich jedem einzelnen Gedanken direkt sagte: Hallo, ich habe Urlaub! Ich habe Urlaub! Ich habe Urlaub! Ich habe Urlaub! ... Durch das ständige Wiederholen dieser drei Worte verflüchtigten sich viele Gedanken bald von ganz alleine und das fühlte sich sehr gut an.
Mit dieser Methode kommst du schneller in den Urlaub, als du es vorher je geschafft hast. Und wenn du wieder zu Hause bist, richte es dir am besten so ein, dass du häufiger zu einem Gedanken, der dich nervt, sagst: Danke, dass du da warst. Ab, in den Papierkorb!

> **Die Lösung ist
> ein Mantra.**

SEELE STATT STREIT

Ein altes Sprichwort sagt: Wenn sich zwei streiten, freut sich der Dritte. Wenn es aber nun keinen Dritten gab? Das glaubte ich aber eher nicht, ich war der Meinung, ein Dritter sei immer mit im Bunde. Wenn sich die Egos beider Parteien stritten, wäre es mindestens die eigene Seele, die dem Ganzen zuschaute. Die Seele würde immer der Sieger sein, egal wie die Machtkämpfe endeten. Die Seele wies immer den richtigen Weg. Würde man diesen Weg gehen, wäre man glücklich und erfreut bis ins hohe Alter. Man könnte Hand in Hand mit der Liebe gehen, und das wäre doch eine traumhaft schöne Vorstellung. Wären da nicht die blitzschnellen Gedanken mit ihren superschlauen Ideen, die sie unbedingt durchbringen mussten, um einen bestimmten Druck auszuüben, dann ginge der menschliche Körper nicht an den durch das Gedankenrad hervorgerufenen Krankheiten zugrunde.

Wenn sich in einer Beziehung über Jahre hinweg zwei streiten, gibt irgendwann einer auf. Irgendwann wäre einer mit seinen Kräften am Ende. Wollte man die Beziehung trotzdem aufrechterhalten oder versuchen, sie zumindest noch zu retten, würde unausweichlich auf einer Seite eine große „Opferbereitschaft“

entstehen. Vorgeschobene Gründe wären dann die Kinder, die Nachbarn, das Haus, das Auto oder die Schulden. Gezwungenermaßen würde diese seelische Belastung unbewusst und unweigerlich über einen längeren Zeitraum hinweg in ein Meer von Krankheiten führen. Der über Jahre hinweg entstandene innerliche Frust darüber, eine Lebensweise gegen den eigenen Willen ertragen zu haben, würde einen enormen „Seelenschaden" anrichten. Dieser würde früher oder später zur Ausbildung von Krankheiten führen, beispielsweise Allergien und Depressionen. Auch Fettsucht oder Magersucht könnte solch ein „Hilfeschrei" der Seele sein. In jedem Alter zeigt es der eigene Körper auf irgendeine Weise durch sein Leiden an, oft durch Schwerhörigkeit oder verminderte Sehkraft: Man kann – in Wahrheit *will* – einfach buchstäblich nicht mehr „hören" und „sehen", was um einen herum passiert. Die Seele zieht sich zurück, weil die Last zu schwer geworden ist. Es ist wie eine Flucht in eine *andere* Anerkennung, die allerdings eine Lüge ist. Wer krank wird, erhält Aufmerksamkeit, Zuwendung und Liebe – da lohnt es sich schon, krank zu sein. Dazu kommt noch die praktische Hilfe der anderen und deren Mitleid. Und das wäre dann der Lohn fürs lange Aushalten?

Diese Erkenntnis über auch meinen Trugschluss musste ich aber erst noch finden. Eins zu null für mich!, triumphierte das Ego. – Ich hatte meine Partnerin „besiegt", ohne dass sie es bemerkt hatte. Ich war vor meiner Partnerin in eine Krankheit geflüchtet, jetzt *musste* sie sich um mich kümmern oder Rücksicht auf mich nehmen. Ich fand heraus, dass ich dabei nicht der Schwächere von uns beiden war, das schien nur so. Im Ge-

genteil, ich war der Teil unserer Beziehung, der den besseren Überblick hatte. Irgendwann hatte das Gegeneinander-Ankämpfen keinen Sinn mehr gehabt, dann hatten sich andere Gedankenargumente breitgemacht: Irgendwann hatte ich doch wohl meine Ruhe im Alter verdient, oder nicht?
Dumm gelaufen für meine vermeintlich stärkere Partnerin, die ja nicht krank wurde. Sie konnte zwar nach wie vor über alles bestimmen, doch sie musste mit der Zeit auch feststellen, dass auf ihr „Bestimmen" keine Gegenwehr mehr erfolgte. Also war ihr Bestimmen zwecklos geworden. Sie fühlte sich plötzlich ins Abseits gedrängt, im Stich gelassen. Ihr jahrelanges Kämpfen um das Bestimmen war von heute auf morgen zu nichts erklärt worden. Wie konnte das sein? Sie wollte doch weiterkämpfen, das war sie ihr ganzes Leben lang so gewohnt. So endete auch für sie als Siegerin das Ganze in der Verzweiflung.
Viel zu häufig wurden vor meinen Augen anderer Leute Ehen nur als Kampf gelebt. Dafür war die Ehe aber doch nun wirklich nicht gedacht. Und dann, im Alter, waren die Weichen des Lebens scheinbar endgültig gestellt und man war sprachlos angesichts dessen, was sich so nach und nach an Krankheiten einstellte. Man wusste gar nicht, woher die alle kamen. Eigentlich lag es auf der Hand: Unzufriedenheit und jahrelanges Meckern hatte den Körper mürbe gemacht. Das Paradoxe war, dass man wieder im Mittelpunkt stand und seine Aufmerksamkeiten bekam.
Ohne dass es mir so richtig bewusst war, hatte ich mir selbst, ganz sacht und leise natürlich, meine ersten Krankheiten aufgehalst. Es begann mit einer halben Tablette, nur erst eine

halbe. Und schon hatte ich wieder etwas zu tun, nämlich nicht zu vergessen, früh eine halbe Tablette auf nüchternen Magen mit etwas Wasser einzunehmen, nur um dann nach vier Wochen wieder zum Arzt zu gehen, denn die halben Tabletten wären ja inzwischen alle aufgebraucht worden und ich würde ein Rezept für die nächsten brauchen. Letztendlich war ich in einen Tabletten-Beschäftigungs-Kreislauf eingestiegen, der mich nicht so leicht wieder losließ.
Bald brauchte ich eine Tablettenschachtel, denn zu der ersten halben Pille kamen weitere, halbe und ganze. Auf die Dauer verweigerte sich mein Körper jedoch diesem Gift. Meinem Magen ging es oft sehr schlecht und es blieb mir nichts anderes übrig, als mir selbst diese Frage zu beantworten: Ist es auf andere Weise möglich, mich mit meinem Körper auszusöhnen und gesund zu werden?
Als ich mich dem stellte, bekam ich allmählich ein Gefühl für das, was mit mir passiert war, für den ganzen Unfrieden, der sich über die Jahre aufgestaut hatte in mir. Bei diesem Gedanken wurde mir überraschend warm, denn ich war auf eine Wahrheit in mir gestoßen, ich war mir selbst auf die Schliche gekommen. Durch diese Erkenntnis wandelte sich sofort meine innere Einstellung. Ich merkte, wie sich plötzlich mein ganzer Körper entspannte. Ich spürte mehr Ruhe und Zufriedenheit in mir, ich erlebte ein Glücksgefühl.

> **Selbsterkenntnis ist die Grundlage für glückliche Beziehungen.**

ZWEITE LIEBE

Noch nie in meinem Leben hatte ich das Wort „Liebe" aus einer Perspektive betrachtet, die dieses in mir befindliche wunderbare Wesen „Liebe" in Kategorien einteilte. Ich erkannte nun plötzlich die verschiedenen Ebenen, auf denen die Liebe zu Hause sein kann. Das war totales Neuland für mich. Zwei Dinge unterschieden sich voneinander: Was die eine Seite in mir dachte, das konnte ich nicht fühlen. Und was ich fühlte, konnte ich nicht immer denken, geschweige denn in Worte fassen. Ich konnte mich höchstens selbst umarmen, dann bemerkte ich, wie gut es mir ging.
Als mich diese Entdeckung packte, zog es mir fast die Beine weg. Ich verlor regelrecht den Boden unter den Füßen. Diese aufwachende Erkenntnis war für mich kaum zu glauben. Wie sollte das erst jemand verstehen, der meine Gefühlslage nicht kannte? Einerseits gab es diese *wirkliche* Liebe, also die

wahre, die wahrhaftige Liebe zu mir selbst. Es wäre unvorstellbar für mich gewesen, sie mir selbst zu verweigern. Daraus ergäbe sich ja die Schlussfolgerung, dass ich mich selbst total ablehnen und verleugnen würde. Dieses Wunder der Liebe war unwiderruflich in mir vorhanden und es „lebte" mich gewissermaßen. Es lebte mich bei vollem Bewusstsein und auf den höchsten Gefühlsebenen.

Dieses Wunder der Liebe ist ebenso in dir vorhanden. Versprochen! Wenn du dieses Phänomen in dir nicht zulässt, wirst du dich nicht trauen, dich selbst zu berühren. Du wirst nicht gewillt sein, dich selbst „anzufassen" und schon gar nicht von jemand anderem anfassen zu lassen. Ein menschliches Wesen, mit all seinen Gefühlen, zu ignorieren, ist pure Selbstverleugnung. Du hegst doch aber bestimmt den Wunsch, dich von deinen Gefühlen tragen zu lassen, um gleichzeitig auch in sie hineinfallen zu können? Was bliebe ohne Gefühle von deiner menschlichen Gestalt noch übrig? Du wärst fast leblos, nur eine Hülle würde noch existieren, die niemanden interessieren würde.

Ich hatte bisher unbewusst eine Schwere erlitten, die mit der Zeit immer unerträglicher geworden war. Dabei brauchte ich mein Denken nur umzudrehen und mich zu akzeptieren. Ich musste nur erkennen, dass ich diejenige Person war, die dieser Liebe bedurfte. Diese Veränderung der eigenen Selbstauffassung war allerdings kein Zuckerschlecken. Meine Ängste hielten mich davon ab, das Phänomen zu erfahren. Es war eine höchste innerliche Kraftanstrengung nötig, die mit enormen Gefühlswallungen einherging, die mich bis zu Weinkrämpfen und Schrei-Attacken führten. Ich wurde mir dessen bewusst,

dass mein Leben bisher eine Bauchlandung gewesen war und dass ich endlich aufstehen musste, um mein Leben wieder selbst in die Hände zu nehmen.
Ich kam erst einmal ins Schwitzen vor lauter Nachdenken. Es war einem Schüttelfrost gleichzusetzten, der mich aus meinem bisherigen Traum wach rüttelte. Ich sollte endlich begreifen, dass ich *geträumt* hatte, dass ich mich jetzt endlich um mein wirkliches Leben kümmern musste. Was ich bis zu diesem Zeitpunkt gelebt hatte, gehörte zwar zu meinem Leben dazu, denn ich hatte es erfahren müssen, um nicht *ganz einzuschlafen.* Aber ich hatte eben auch nur meine Ängste gelebt und glaubte darüber hinaus sogar, es sei Liebe gewesen. Immer hatte ich befürchtet, alles zu verlieren, war oft allein und einsam gewesen, traurig und unzufrieden. Lange konnte ich das *nicht mehr* ertragen. Wie sollte das jedoch gehen, wenn plötzlich nur noch *ich* da wäre und sonst niemand anderes?
Wo ich glaubte, dass dort Liebe sei, war keine Liebe. Ich fiel fast aus allen Wolken. Ich sah, dass ich bisher nur Unzufriedenheit, Frust und Angst gehabt hatte. Wut, Ärger und Verzweiflung hatten mich beherrscht. Ich konnte keine klaren Gedanken mehr fassen. Es war mit einem Mal alles wirr in mir. Ich hatte auf das Wort „Liebe" gebaut und in Wirklichkeit gab es nur diese leblosen Buchstaben auf dem Papier. Wie oft hatte ich „Ich liebe dich, mein Hase" gesagt! Alles unwahr! Gesagte Liebe kannte kein Fühlen. Woher hätte ich das denn aber gewusst haben sollen? Es hatte mir doch keiner gezeigt gehabt und ich hatte es früher auch nicht erfahren. Ich musste erkennen, dass ich „Liebe" nur sagend weitergegeben, aber

nicht wirklich gefühlt hatte. Ich konnte nur mein eigenes Sprechen wahrnehmen, etwas anderes hatte ich nie gelernt.
Diese bittere Erkenntnis rüttelte mich ganz schön wach. Jetzt musste ich beginnen, neu in mir zu suchen, was da noch an Resten oder Bruchstücken von Liebe zu finden war. Ein paar Stückchen lagen da bestimmt noch irgendwo herum, doch das Große und Ganze? Ich wusste es nicht. Man sollte die Hoffnung ja nie ganz aufgeben. Ich brauchte mich nicht zu wundern, dass um mich herum alles ins Wanken geraten war. Ich konnte ja nicht einmal selbst ganz sicher auf meinen eigenen Beinen stehen. Wie sollte da eine Liebe zwischen zwei Menschen funktionieren? Ich musste feststellen, dass nur die wahre Liebe, die ich selbst erfahre, also die *Selbstliebe*, für eine innere Ausgewogenheit und für das Gleichgewicht einer Beziehung zu jemand anderem sorgen könnte.

Und dann gab es noch eine andere Seite der Liebe, die sogenannte *erfüllende* Liebe. In der Gedankensprache hätte ich sagen müssen, sie sei die „geglaubte" Liebe. Es war diese Liebe, die oft auf dem Papier stand. Oder sie wurde verwendet, wenn man eine Ausrede brauchte, um sich wieder ins rechte Licht zu setzen. Bloße Worte als Liebe zu verschenken, in der Hoffnung, wahre Liebe zurückzubekommen, war eine sinnlose Aktion. Wenn man Glück hatte, bekam man gerade mal dieses Stück geglaubte Liebe wieder zurück. Es waren eben nur Worte und das würden sie auch immer bleiben. Noch nie zuvor hatte ich diese gesagten Worte – „Ich liebe dich" – für so unwahr befunden. Zum ersten Mal empfand ich ein tiefes Verstehen, als ich von meiner Partnerin einen Blumenstrauß geschenkt bekam. Ich erfuhr eine so herzliche Umarmung, die meine Augen mit Tränen füllten. Ich spürte ihr Gesicht an meinem Gesicht und ihr Mund flüsterte mir diese Worte ins Ohr:

> **„Es ist schön,**
> **dass es dich gibt."**

KRAFT DER ERKENNTNIS

In Büchern las ich oft, dass die Erkenntnisse, die man findet, der eigene Weg seien. Doch wie sollte ich zu der ersten Erkenntnis gelangen, die sozusagen den ersten Schritt auf diesem Weg darstellen würde? Diese Frage stellte ich mir schon lange Zeit. Dabei fiel mir gar nicht auf, dass dieses Nachdenken und dieses Mich-ändern-Wollen schon die erste Erkenntnis war. Ich war schon mittendrin, Veränderungen vollzogen sich bereits, ohne dass ich etwas davon wusste oder bemerkte. Es geschah alles von ganz allein, ohne mein Zutun. Etwas geschah in mir, was ich nicht so bewusst wahrnahm. Im Nachhinein musste ich dann feststellen, dass ich einfach dort hingeführt wurde. Die Zeit war reif für Veränderungen.

Ich merkte, dass ich lange genug in einer Starre gelebt hatte, die mit der Zeit unerträglich für mich geworden war. Irgendwie war ich zwar bemüht gewesen, von innen heraus aus dieser Situation herauszukommen. Ich hatte auch gespürt, dass da etwas sein musste, aber ich wusste nicht, was. Ich hatte mich

immer nur im Kreis gedreht, so lange, bis ich es nicht mehr aushielt, bis mir so schwindlig davon wurde, dass ich vor lauter Krankheiten fast aus den Schuhen gekippt wäre. Ich durfte erfahren, dass meine „falsch" geprägte Lebensweise der Grund dafür war, auch wenn ich geglaubt hatte, sie wäre die einzig richtige. Sie hatte mich sozusagen innerlich so stark verdreht, dass sich inzwischen ständig Krankheitssymptome zeigten.
Zuerst war ich gar nicht fähig, nach den wahren Ursachen zu fragen. Ich war so weit weg von mir, dass ich nicht einmal den Zusammenhang zwischen Ursache und Wirkung erkannte. Mir war nicht bewusst, was sich gerade alles in mir in der Veränderung befand. Ich empfand meinen Körper nicht mehr, bemerkte beispielsweise nicht, wann er Ruhe gebraucht hätte oder Bewegung an der frischen Luft, womit er sich wohlfühlte und was ihm guttat. Ich hatte kein Gespür für meinen Körper. Ich ignorierte mich einfach selbst.
Ich hatte scheinbar so viel um mich herum zu erledigen gehabt, dass ich mir immer unwichtiger geworden war. Meine Gedanken hatten mich rund um die Uhr beschäftigt gehalten. Sogar nachts, beim Schlafen, hatten sie mich oftmals wach gemacht, um mir zu zeigen, wie fleißig sie doch waren und dass sie sogar nachts noch für mich arbeiteten. Schliefen meine Gedanken nicht, konnte ich auch nicht schlafen! Ich selbst hatte in meinem eigenen Leben einfach nicht existiert. Mein eigenes Drehbuch war von irgendwem geschrieben worden, nur nicht von mir selbst. Es war ein fremder Film auf der Leinwand abgelaufen. Es war ein Theaterstück gewesen, das mit anderen Leuten besetzt worden war, die selbst zu sein ich am Ende

geglaubt hatte, die ich über Jahrzehnte als meine Wirklichkeit angenommen hatte, die mich aber in die Irre geführt hatten. Eine Blendung mit enorm schmerzlichen *Nachwirkungen*, mehr war dabei nicht herausgekommen für mich.
Da ich mir dieses sogenannte „schöne Leben" selbst inszeniert hatte, saß der Schock des Erkennens besonders tief. Ich musste mir eingestehen, ein krank machendes, verzerrtes Dasein zu führen, das mich bloß umherirren ließ, in Begleitung von Ungewissheit und Unzufriedenheit. Die seelischen „Abstürze", die sich immer mehr häuften und die mich nur noch leidender machten, drängten mich dazu, endlich in meine Kraft zu kommen. Sie ließen mich zugleich erfahren, dass sich eine Veränderungsnotwendigkeit anbahnte und dass die Sache mehr als dringend war. Als ich es fast nicht mehr aushielt, dieses qualvolle Dasein, wünschte ich mir sehnsüchtig, nicht mehr länger dieses „unwahre Ich" zu sein. Meine Gedanken machten mir jeden Tag zur Hölle, aber ich konnte darin einen ersten Lichtblick bemerken, der sich in Form eines *anderen* Denkens in mir hervorschob. Ich konnte es nicht sofort richtig deuten, dazu war es noch zu neu, aber ich hatte den Eindruck, dass dies etwas *Besonderes* sei. Es zeigte sich eine Veränderung an, die ich lediglich noch nicht verstand.
Die Erfahrung mit der ersten Erkenntnis zwang mich zur Umkehr. Ich sah nur noch ein großes rotes Stopp-Schild mit dem Text: „Bis hierher und keinen Schritt weiter!" Ich veränderte sofort mit einem Ruck alles, auch wenn es dann natürlich nur schrittchenweise vorwärtsging. Ich konnte mir nicht erklären, wie es kam, aber zum Glück brachte die Situation etwas

mit sich, was mir einen Eindruck davon vermittelte, dass *es* einfach geschah, als ob es schon immer dagewesen wäre. Ich brauchte nicht viel zu tun, ich tat einfach nichts. Das war paradox für mich, denn gleichzeitig veränderte ich – veränderte sich – ja ganz grundlegend etwas.

Mit der Zeit begegneten mir andere Menschen als sonst, und die boten mir ihre Hilfe an, zu weiteren Erkenntnissen zu gelangen, die sich für mich immer besser anfühlten und mich auf einen *anderen* Weg brachten, der authentischer war als der, auf dem ich bisher unterwegs gewesen war. Einen Weg, der mir viel Neues offenbarte. Ich spürte nach und nach wieder Lebensfreude und echte Erfüllung, nicht gleich sofort und komplett, aber doch wachsend. Die gravierendste Auswirkung zeigte sich an meinem Körper, denn gesundheitlich ging es mir von Tag zu Tag viel besser. Manchmal dachte ich insgeheim, ich wäre ein anderer Mensch geworden. Dann sagte ich mir wieder: Nein, das ist nicht so. Wenn ich in den Spiegel schaute, sah ich noch genauso aus wie vor Jahren, nur etwas älter.

Weil mein Zustand am Anfang schlimmer ausgesehen hatte, als es sich nach den ersten Wochen der Veränderung anfühlte, stellte ich fest, dass Veränderung immer eine Verbesserung mit sich brachte. Jeder Absturz, der gedanklich geschah, trug mich letztlich doch bewusst oder unbewusst in meine eigene Wirklichkeit. Nachdem im Schneckentempo nach und nach in meinem Kopf langsam die Ruhe Einzug gehalten hatte, schickten mir meine Gedanken plötzlich eine brauchbare Idee: Nur *ich selbst* bin mein wirkliches Leben, nach dem ich so lange gesucht hatte. Das war ein starker Moment, weil auf einmal keine

Widerrede in meinem Kopf entstand, kein Gelaber, kein Streit. Wenn ich mich so umschaute, waren Krankheiten auch bei anderen Menschen häufig das Tor zur Selbstverwandlung. Manchmal waren es auch schmerzhafte Trennungen, finanzielle Einbrüche oder Todesfälle, die als rettende Erfahrung daherkamen und eine erste Erkenntnis, einen ersten Schritt zur Veränderung zum Vorschein brachten.

> **Du hast die Chance,**
> **dir selbst zu begegnen.**

DIE KINDERWELT

Ein Freund sagte mir einmal, „Der fremdbestimmte Mensch" sei ein guter Buchtitel, ich könne jetzt anfangen zu schreiben. Da machte es klick, klick, klick und in meinem Kopf standen Tausende von Gedanken Schlange. Da es so viele waren, wusste ich wieder mal nicht, wo ich zuerst anfangen sollte. Nichts, was ich schreiben wollte, nichts, kein Wort tauchte in meinem Kopf auf, um etwas dazu zu sagen. Ich saß am nächsten Morgen am Tisch und rührte mir mein Frühstück zusammen. Ich wollte gerade anfangen mit dem Essen, da war ein anderer Freund in der Leitung. Ich mochte es eigentlich nicht, morgens beim Frühstück zu telefonieren, aber ich nahm trotzdem den Hörer ab.

Der Freund hatte von seinem Leben geträumt, er hatte darin gesehen, wie es *hätte sein sollen* oder wie es vielleicht *gewesen wäre*, wenn nicht immer seine Eltern, seine Oma und sein Opa und seine große Schwester „dazwischengeredet" hätten.

Ich merkte, dass mein Gesprächspartner einer Fremdbestimmung ausgesetzt gewesen war und nun nicht die Kraft hatte, sich dagegen zu wehren. Ich selbst hatte Glück, denn ich konnte in Ruhe weiter frühstücken. Ich schaltete auf die Freisprechanlage um, denn wenn dieser Freund einmal redete, erzählte er ganze Bücher leer. Was ich natürlich nicht in Betracht zog, war, dass an diesem Sonntag mein Frühstück geschlagene fünf Stunden dauern könnte. Da ich seine Stimme über den Telefonlautsprecher auch in den anderen Zimmern meiner Wohnung gut hören konnte, machte ich nach dem Frühstück ganz gediegen meine Hausarbeit. Es war so, als hätte ich mir eine Hörbuch-CD eingelegt, die fünf Stunden am Stück lief, wobei ich ab und zu mal feststellte, dass etwas von dem Gehörten auch ein Stück aus meinem Leben sein könnte.
Mir kam es zu dieser Zeit überhaupt oft so vor, als würden sich alle Leben irgendwie gleich anhören. *Alle* waren in gewisser Weise fremdbestimmt, durch Eltern, Verwandte und Freunde, vom Chef, von den Behörden, sogar vom Nachbarn und vom Nachbarshund, nur nicht von sich selbst. „Dabei hätte ich doch so gerne einfach bloß mich selbst erfahren und erleben wollen", sagte die Stimme aus dem Lautsprecher und ließ ein tiefes Durchatmen hören. „Wie ich mich zurzeit empfinde, könnte ich mich glatt wegschmeißen!", fügte sie noch hinzu. Mein Freund fühlte sich total unwohl und neben der Rolle, deshalb fragte er nun mich, ob ich ihm sagen könnte, was er tun müsste, damit es ihm wieder besser ginge. „Es waren nicht die anderen", sagte ich, „die kein Licht an dein Leben gelassen haben. Du hast es selbst zugelassen, dass das Licht aus-

geknipst war. Vielleicht hast du es unbewusst sogar so gewollt. Sei ehrlich zu dir selbst! Was willst du?" – „Mein eigenes Licht", meinte er kurz und bündig. „Das will ich unbedingt wiederhaben." Klar, er war auf der Suche. Jeder hatte ja seinen eigenen Weg zu gehen. Aber ich hatte null Ahnung, worauf er hinauswollte. Er erzählte mir weiter, dass er es jetzt endgültig satthätte, immer auf die anderen zu hören. Er hätte inzwischen bemerkt, dass er auch eine ganz eigene, authentische Stimme hatte, die ihm hin und wieder deutlich etwas zuflüsterte. – Das kannte ich ja schon aus eigener Erfahrung. – Er empfände diese Stimme als angenehm, aber er müsste auch erst lernen, sie überhaupt zu hören. Er war davon überzeugt, dass diese Stimme allein er selbst wäre und dass das eine coole Erfahrung wäre. So viele Jahre hätte er sie nicht gehört. Er mutmaßte, sie hätte wohl nichts zu sagen gehabt. Ich hörte ihn Luft holen, sogar sehr tief. Dann kam eine Pause und noch mal ein tiefes Luftholen. Ich wollte gerade sagen, dass es mir ähnlich erginge, aber keine Chance, sein Redefluss ging bereits unverdrossen weiter …

Wenn mir zu dieser Zeit damals jemand von seiner Kindheit berichtete, so wie dieser Freund, überraschte es mich oft nicht besonders, dass ziemlich viele Übereinstimmungen in den Aussagen der verschiedenen Leute bestanden. Nach diesem Gespräch setzte ich mich wieder an meinen Tisch und begann, meine Eindrücke etwas genauer aufzuschreiben. Das war so eine Art Anfang, was das Schreiben betraf.

Die meisten sahen sich im Rückblick als Kind in einer eigenen Welt. Mehr oder weniger kamen andere in diese Welt hinein, aber meistens war das mindestens nicht problemlos. Es ging darum, sich selbst treu zu bleiben, wenn andere auf einen einredeten oder einem Vorschriften machten. Die anderen versuchten immer, sich entweder in diese Kinderwelt einzumischen oder – andersherum – das Kind in die Welten der Erwachsenen hineinzuziehen.

Ich erinnerte mich daran, dass ich selbst als Kind meine Geheimnisse heimlich aufgeschrieben hatte – auch alles, was ich in mir gefühlt und erlebt hatte. Das konnte dann niemand sehen und auch nicht danach suchen. Aber ob ich es nun aufgeschrieben hatte oder nicht, nur in meiner eigenen Welt, die ich besonders stark empfunden hatte, wenn ich die Augen geschlossen hatte, hatte ich die Dinge sehen und erleben können, wie es zu mir gepasst hatte, und das war wunderschön gewesen. Meine Kinderwelt war von meiner Intuition gestaltet worden, und die hatte sich gut für mich angefühlt. Ich war darin zufrieden und glücklich gewesen. Die anderen hatten zwar immer mitbestimmen wollen oder mir zeigen wollen, was ich zu tun gehabt hätte, aber dann hatten sich bei mir die Nackenhaare aufgestellt. Ich hatte genau gefühlt, wenn ich wieder einmal etwas „übergebraten" bekommen hatte.

In gewisser Weise ergeht es doch allen so: Du kannst als Kind schreien, ganz laut und aus voller Kehle, eine Woche lang, dich wird keiner hören, geschweige denn verstehen. Du bist als Kind nicht mal einen Meter groß. Die Erwachsenen sind mit ihren Köpfen viel zu weit oben und ihre Stimmen klingen viel zu fern. Das kennst du bestimmt von dir selbst, warum sollte es auch anders sein? Es steht eine einfache Logik dahinter:

Wie kann ein *fühlendes* Kind einen *denkenden* Erwachsenen verstehen? Ein aussichtsloses Unterfangen. Und umgekehrt ist es genauso: Kinder stellen sich oft stur, weil sie die Sprache der Eltern nicht sprechen und noch wenig verstehen. Dann bücken sich doch die wenigsten Erwachsenen zu ihnen herunter, um ihnen zuzuhören, nicht wahr? Kannst du dich daran erinnern? Da fällt dir doch bestimmt gleich was dazu ein.

Ich saß und schrieb die ganze Zeit auf, was ich selbst in meiner Erinnerung hervorholte, und verglich es mit den Beschreibungen der anderen, mit denen ich manchmal darüber sprach. Einmal hatte ich in einem Buch gelesen, dass Kinder noch eine „Augensprache" hätten und dann gegebenenfalls Tränen fließen, die im Prinzip eine klare und kräftige Aussage bedeuten. Aber irgendwie schienen Erwachsene darauf nicht besonders zu achten. Kinder gebrauchten dann im zweiten Schritt die Lautstärke, um sich besser bemerkbar zu machen. Normalerweise würden sie von sich aus nie laut werden, denn sie benutzten ihr Fühlen, um zu kommunizieren. Aber wenn die Eltern sich selbst regelmäßig übersahen und umso mehr die eigenen Kinder nicht richtig wahrnahmen, mussten Kinder eben ihre Stimme erheben. Sie meldeten damit ihre Bedürfnisse an: Aufmerksamkeit, Streicheleinheiten und überhaupt grundsätzliche, liebevolle Zuwendung.
Es war seltsam, denn als Kinder hatten wir so gut wie nie den Eindruck, die Erwachsenen könnten selbst jemals so klein gewesen sein wie wir. Kein einziges Mal in meiner Kindheit hatte ich gefühlt und gespürt, dass meine Eltern auch mal Kinder

gewesen waren. Ich hatte damals sogar geglaubt, sie wären schon „erwachsen" auf die Welt gekommen, so, wie sie redeten. Was mich betraf, war ich sicher, dass mich in meiner gesamten Kindheit kein Erwachsener verstanden hatte. Die komplizierten Erwachsenen waren doch immer mit ihren eigenen, ach so wichtigen Problemen beschäftigt gewesen.

Das war das Problem der meisten, die ich kannte: Man wurde sofort nach der Geburt von anderen bestimmt. Man war einfach nur da, ohne richtig dagewesen zu sein. Warum wurde man dann überhaupt geboren? Das war die Frage, die sich dann immer gleich meldete. Gute Frage! Warum wohl? Ich glaubte, jeder Mensch musste selbst herausfinden, warum er geboren worden war, Stück für Stück. Davor konnte sich keiner drücken. Was war die eigene Lebensaufgabe? Die nächste Frage. Und das würde dann immer so weitergehen, bis man ganz bei sich selbst angekommen wäre.

Das war der Anfang vom Ende, der Neubeginn nach einem schrecklichen Aufwachen als Erwachsener. Ich sah, dass ich mit dieser Erkenntnis nicht nur nicht alleine war, sondern auch, dass viele Menschen begannen, das, was hinter ihrer Fremdbestimmung lag, zu erforschen – meistens nicht ganz freiwillig, denn es waren doch häufig Krisen, Zusammenbrüche oder Krankheiten, die es notwendig machten, die Augen zu öffnen, aber immerhin.

Du, lieber Leser, liebe Leserin, wirst dir hoffentlich deinen eigenen Reim auf all das machen, was ich hier berichtet habe. Denn es soll ja auch dein eigener Weg sein, den du findest im Leben. Ich wünsche dir alles Glück dieser Welt, aber vor allem wünsche ich dir ein liebevolles Gesicht, das dich jeden Morgen im Spiegel begrüßt, und ein liebendes Herz, das sich immer für dich, um dich und deinetwegen um dich selbst kümmert.

> **Wenn du fragst, ob du eine Chance auf Liebe hast, dann ist Selbstliebe die einzige Antwort.**

NACHWORT

Dies ist der Wunsch meines Schreibens: sich zu verstehen und zu leben in Leichtigkeit. Das größte Highlight dabei ist, dass Selbsterkenntnis am eigenen Körper erfahrbar ist. So, wie du jetzt gerade bist, so bist du richtig. Fühle einfach in dich hinein und erkunde, wie es dir gerade so geht! Du hast alle Zeit der Welt, denn du bist es dir wert. Du solltest dir diese Zeit für dich jetzt erst recht nehmen, denn es ist eben diese Zeit, die zu deiner Heilung wirklich beitragen kann. Vielleicht erfährst du es zum ersten Mal und erkennst, wie wichtig du bist in deinem eigenen Leben. Ich jedenfalls habe festgestellt, dass ich die wichtigste Person bin in meinem Leben.

Die Erkenntnisse, die ich mit diesem Buch vermitteln möchte, sollen dir helfen, deinen eigenen inneren Heilungsweg zu finden. Ich habe meinen eigenen Heilungsweg über meinen Körper gefunden, denn ich erlebte, dass ich mit meiner eigenen Gedankenkraft die Dinge erschaffe, die ich wirklich will. Ich habe für dich meine Grunderkenntnisse im Folgenden noch einmal zusammengefasst:

Erkenntnis
Solltest du einmal eine Antwort brauchen, wie zum Beispiel auf die Frage „Welcher Weg ist für mich richtig?" oder „Was kann ich für mich Gutes tun?", denke daran: Alles, was sich ereignet im Alltag, geschieht aus deinem Lebensfluss heraus. Es verlangt nur dein Betrachten und dein Akzeptieren, und schon bist du mittendrin im eigenen Leben. Mehr bedarf es nicht. Entscheidungen aus dem Bauch heraus oder vom Herzen her entspringen immer der Wahrheit und halten stets ein Lächeln für dich bereit. Dieses Lächeln ist ein guter Begleiter auf dem Weg zur bedingungslosen Liebe.

Erkenntnis
Es gibt nur zwei Möglichkeiten, sich dem Leben gegenüber zu verhalten: Entweder du kämpfst gegen das Leben an oder du lässt dich vom Leben tragen. Auch ich stelle mir immer wieder die Frage, selbst nach den vielen schon geschriebenen Worten: Wofür entscheide ich mich oder habe ich mich bereits entschieden?

Erkenntnis
Das tägliche Leben unterliegt der ständigen Wandlung, die sich teils bewusst und teils unbewusst in dir vollzieht. Nach jedem vollbrachten Tag kannst du Gott für das Erlebte und das Erfahrene danken. Dabei ist es jedes Mal interessant für dich, wie sich das Prinzip von Ursache und Wirkung in deinem Tagesgeschehen spiegelt. Aus jeder einzelnen Erfahrung kannst du etwas lernen, deshalb hat auch alles, was passiert,

eine Daseinsberechtigung. Nichts ist falsch oder richtig, sondern alles ist Teil des Lebensflusses. Das, was geschieht, geschieht nur in diesem Moment, und morgen sieht der Tag wieder ganz anders aus. Selbst die kommende Nacht und die nächste Minute haben ihre eigene Wesensart. Deshalb ist alles an seinem eigenen Platz. Nur durch Erfahrung wächst du Stück für Stück in dein eigenes Leben hinein.

> **Erlaube dir einfach, DU selbst zu sein,**
> **das reicht für dein ganzes Leben.**

DANK

Ich freue mich sehr, dass du dieses Buch gelesen hast, und ich bin begeistert, dass wir uns darin begegnet sind. Ich bedanke mich bei dir dafür.

Danke sage ich auch all den Menschen, die mir helfen auf meinem Weg, die mir beratend zur Seite stehen bei der Veröffentlichung dieses Buches.

Meinen drei Enkelkindern, Leon, Elisa und Mateo, sage ich Danke für die Leichtigkeit ihres Kindseins, die mir immer wieder die Schönheit des Lebens zeigt. Euch schenke ich ein besonderes Lächeln.

Ich wünsche von ganzem Herzen allen Menschen eine friedvolle und erfüllte Lebenszeit.

Gunther Scheuring

GUNTHER SCHEURING

Er erkannte, dass jedes Denken entscheidend ist für eine gesunde Lebensweise. Was ich denke und rede, lebe ich. Es gibt keine Negativität im Leben, alles beruht auf Erkenntnissen. Aus 10 Gedanken einen zu machen, ist der bessere Weg.